U0532162

百万富翁比你强在哪儿

WHAT SELF-MADE MILLIONAIRES DO THAT MOST PEOPLE DON'T

52 Ways to Create Your Own Success

白手起家的52个定律

（Ann Marie Sabath）
［美］安·玛丽·萨巴思 ◎ 著
张松洁 ◎ 译

中信出版集团 | 北京

图书在版编目（CIP）数据

百万富翁比你强在哪儿：白手起家的52个定律／（美）安·玛丽·萨巴思著；张松洁译. -- 北京：中信出版社，2020.6

书名原文：What Self-Made Millionaires Do That Most People Don't

ISBN 978-7-5217-1745-7

Ⅰ.①百… Ⅱ.①安…②张… Ⅲ.①创业—通俗读物 Ⅳ.① F241.4-49

中国版本图书馆 CIP 数据核字 (2020) 第 060665 号

What Self-Made Millionaires Do That Most People Don't by Ann Marie Sabath
Copyright © 2018 by Ann Marie Sabath through Andrew Nurnberg Associates International Limited
Simplified Chinese translation copyright © 2020 by CITIC Press Corporation
ALL RIGHTS RESERVED
本书仅限中国大陆地区发行销售

百万富翁比你强在哪儿——白手起家的52个定律

著　者：［美］安·玛丽·萨巴思
译　者：张松洁
出版发行：中信出版集团股份有限公司
　　　　　（北京市朝阳区惠新东街甲4号富盛大厦2座　邮编　100029）
承　印　者：北京通州皇家印刷厂

开　本：880mm×1230mm　1/32　　印　张：8　　字　数：110千字
版　次：2020年6月第1版　　　　　印　次：2020年6月第1次印刷
京权图字：01-2019-7334　　　　　　广告经营许可证：京朝工商广字第8087号
书　号：ISBN 978-7-5217-1745-7
定　价：42.00元

版权所有·侵权必究
如有印刷、装订问题，本公司负责调换。
服务热线：400-600-8099
投稿邮箱：author@citicpub.com

对安·玛丽·萨巴思以往作品的赞誉

《101个职场必胜诀窍》
(*Business Etiquette:101 Ways to Conduct Business With Charm and Savvy*)

帮助人们切实提高对"感知影响"（perception impact）的理解。

——威廉·H. 巴格利（William H. Bagley），德勤会计师事务所（Deloitte & Touche）前区域人力资源总监

非常有效且发人深省。

——约翰·道（John Daw）
万豪国际酒店（Marriott Lodging）集团前区域销售副总裁

任何希望给同事或客户留下美好印象的人都能从这本书提供的小窍门中获益。

——希拉·卡瑟利（Sheila Casserly）
明星聚焦（Celebrity Focus）创意营销公司前总裁

《一分钟礼仪》
(*One Minute Manners*)

这本书为我们在职场中每天都会面临的场景提供了快捷、实用的建议。从精通握手技巧到避免电子邮件中的失礼，资深经理人和新入职员工都可以把这本书当作生存指南。除了避免失态，萨巴思还展示了职场上的良好举止如何有助于个人的发展。

——罗德·库尔茨（Rod Kurtz）
Inc.com 网站前高级编辑

致　谢

感谢罗恩·弗赖伊（Ron Fry），他笃信缘分，从本书开始动笔就坚信不疑。

感谢我的至爱，是他促成了这本书，并在本书撰写过程中提供了大力支持。

感谢我的孩子们：斯科特（Scott）和安伯（Amber）。在我撰写本书时，他们都是很棒的参谋。

感谢杰曼（Germaine），是他在咖啡桌上对我说的话让我意识到为什么要撰写本书。

感谢苏西（Suzy），她帮助我联络本书中这些白手起家的百万富翁，使我能在截稿日期前完成本书。

感谢 30 位白手起家的百万富翁，他们从繁忙的日程中抽出时间来分享各自的智慧。

感谢我的高级编辑迈克尔·派伊（Michael Pye），他是一位真正的出版行家。

感谢劳丽·凯莉-派伊（Laurie Kelly-Pye），和她一起工作令人愉快。

感谢劳伦·马诺伊（Lauren Manoy），她是职场出版社（Career Press）的开发编辑，鼓励我"把这本书写出来"，让我认为值得暂时停下手头的其他事去专心写作。

感谢乔迪·布兰登（Jodi Brandon），我们在本书编辑过程中的合作很愉快。

感谢吉娜·申克（Gina Schenck），她对细节的关注使本书最终的编辑过程完美无缺。

感谢特丝·伍兹（Tess Woods），本书推广人，一位行业中真正的大咖，完成了一件了不起的工作。

感谢邦尼·汉密尔顿（Bonni Hamilton）和埃琳·伊顿（Eryn Eaton），他们都是红轮公司（Red Wheel）营销团队的成员。

感谢简·哈格曼（Jane Hagaman），红轮公司的主编。

感谢制作团队的迈克尔·康伦（Mike Conlon）和杰夫·皮亚斯基（Jeff Piasky），他们给了本书"一副面孔"。

目 录

前　言　谁应该阅读此书？每个人都应该读！　　　　　XIII

习惯 1　雄心勃勃　　001
 创富定律 1　培养百万富翁的思维方式　　002
 创富定律 2　明确成功对你意味着什么　　005

习惯 2　知道必须有信心才能"成功"　　009
 创富定律 3　找到你所热衷的事物　　010
 创富定律 4　相信自己　　013
 创富定律 5　采用形象思维　　015

习惯 3　有目的性　　021
 创富定律 6　设定有意义的目标　　022
 创富定律 7　掌控自己的人生　　024

习惯 4　良好的职业操守　　027
 创富定律 8　言而有信　　028
 创富定律 9　诚信做人　　030

习惯 5　排好优先次序　　033
　　创富定律 10　学会掌控时间　　034
　　创富定律 11　守时　　036
　　创富定律 12　专注　　038

习惯 6　渴求知识　　043
　　创富定律 13　活到老学到老　　044
　　创富定律 14　每天学点新东西　　046

习惯 7　做事有条理　　049
　　创富定律 15　成为一个极简主义者　　050
　　创富定律 16　提前规划　　053

习惯 8　提高效率　　057
　　创富定律 17　建设团队　　058
　　创富定律 18　授权　　060

习惯 9　加倍努力　　065
　　创富定律 19　承担适当的风险　　066
　　创富定律 20　把失败转变成机遇　　069
　　创富定律 21　坚持不懈　　071

习惯 10　培养高情商　　075
　　创富定律 22　倾听　　076

创富定律 23	大胆请求	078
创富定律 24	让爱传递	081

习惯 11　滋养身心 　　　　　　　　　　　085
创富定律 25	为健康而运动	086
创富定律 26	花时间思考	088

习惯 12　与志同道合的人相伴 　　　091
创富定律 27	与你想要成为的人交往	092
创富定律 28	找到一位智囊团顾问	095

习惯 13　良好的人生观 　　　　　　　099
创富定律 29	保持乐观	100
创富定律 30	保持快乐	104
创富定律 31	保持动力	107

习惯 14　做事主动 　　　　　　　　　111
创富定律 32	挑战自我	112
创富定律 33	不达目的不罢休	115
创富定律 34	创造幸运	119

习惯 15　富有想象力 　　　　　　　　125
创富定律 35	行动起来	126
创富定律 36	一切皆有可能	130

习惯 16　善于创新 　　　　　　　　　　　133
　　创富定律 37　重塑自我　　　　　　　134
　　创富定律 38　接受改变　　　　　　　137

习惯 17　自尊自爱　　　　　　　　　　141
　　创富定律 39　尊重他人　　　　　　　142
　　创富定律 40　谦逊　　　　　　　　　144

习惯 18　懂得感恩　　　　　　　　　　147
　　创富定律 41　心存感激　　　　　　　148
　　创富定律 42　重视你的个人生活　　　152

习惯 19　做慈善或者传递爱心　　　　　155
　　创富定律 43　回馈社会　　　　　　　156

习惯 20　善于理财　　　　　　　　　　161
　　创富定律 44　留出盈余　　　　　　　162
　　创富定律 45　为自己做好财务规划　　165

习惯 21　掌握自己的经济命运　　　　　171
　　创富定律 46　先留一笔钱给自己　　　172
　　创富定律 47　提前做购买计划　　　　174

习惯 22　积累财富　　　　　　　　　　　　　　　179
　　创富定律 48　开发多种收入来源　　　　　　　180

习惯 23　把专长变现　　　　　　　　　　　　　185
　　创富定律 49　开办企业　　　　　　　　　　　186

习惯 24　考虑长远　　　　　　　　　　　　　　191
　　创富定律 50　延迟短期满足　　　　　　　　　192

习惯 25　享受努力实现目标的过程　　　　　　　199
　　创富定律 51　了解钱不是最重要的　　　　　　200
　　创富定律 52　你已经有渔竿了，现在去钓鱼吧　203

后　记　　　　　　　　　　　　　　　　　　　　205
附　录　贡献者简介　　　　　　　　　　　　　　207
百万富翁敬告未来的百万富翁　　　　　　　　　　221
注　释　　　　　　　　　　　　　　　　　　　　225
我已经掌握的创富定律清单　　　　　　　　　　　231
我尚未掌握的创富定律清单　　　　　　　　　　　232

前 言
谁应该阅读此书？每个人都应该读！

也许是本书的书名《百万富翁比你强在哪儿》吸引了你的注意力。如果你和大多数人一样，那么你一定每天都工作到很晚，同时对别人是如何成功的感到好奇，因为大家每天都只有同样的 24 个小时。

仅靠个人奋斗成为一名百万富翁，听上去可能是个艰巨的任务。不过读完本书，你会发现这并没有那么难。秘诀就在于先了解该怎么做，然后坚持不懈。

你可能会心想："我 25 岁，才工作几年，因此我想过得快活些。我刚买了那辆我从 16 岁时就开始梦想拥有的汽车。10 年以后我再正式开始存钱吧。"

或者你可能想："我有家庭，有孩子要养，有账单要付，还为我们住的四居室肩负着一大笔贷款。除非我彩票中大奖，或者从失散已久的舅舅那继承遗产，否则我是成不了百万富翁的。"

你也可能会说:"我做这份工作已经20年了,现在开始白手起家成为百万富翁太晚了。我还不如用手里的余钱出去旅游呢。"

为了成为一名百万富翁,你可能需要延迟眼前唾手可得的享乐并重新规划目标的优先顺序,同时你要认识到,唯一能阻碍你开始这项事业的因素就是你自己!既然你已经被本书吸引,就说明你内心渴望成为一名百万富翁。

既然今天就能开始,你为什么要推迟到明天再做呢?无论你是挣提成的,每小时拿11美元工资的,还是你的年龄为20~65岁且挣着美国员工每年44 564美元的中位数工资,都可以从现在就开始!你越早开始这个创富过程,就能越早达到理想的财富地位。

靠个人奋斗成为一名百万富翁,可能要花上5年、10年、20年、30年或者更长时间才能实现。具体时间取决于你已经做到了52个定律中的多少个,以及你在开始这个过程时的财务基础。因此,现在就向着成为百万富翁的方向设定好路线,立刻出发吧!

在白手起家成为百万富翁的定律中,有些和金钱完全没关系。你会发现这些定律和你的个性、态度、人际交往技巧、存钱和花钱的模式以及总体习惯有关。

即使你没有足够的钱,也不要让这成为阻碍你前进的理由。如果从今天就开始行动,你就能早一天实现这个目标。你将不必再过穷人的日子。而且,你将由于为自己规划了行动路线而过上成功人士的生活。只要想想就知道,当你坚信自己走在正确的道路上时,内心会多么满足。

几个事实

据瑞信银行（Credit Suisse）公布的全球财富榜显示：在2017年，美国有大约1 535.6万名百万富翁，相当于美国总人口的5%。[1] 根据BMO私人银行（BMO Private Bank）的研究，美国67%的高净值人群是靠个人奋斗成为百万富翁的。[2]

正如《邻家的百万富翁》（*The Millionaire Next Door*）的作者托马斯·斯坦利（Thomas Stanley）所言，有80%~86%的百万富翁是白手起家的。[3] 这也恰恰是本书所讲述的人群：靠个人奋斗成功的百万富翁！

这些人拥有百万级别的净资产（不包括他们的主要居所），按照如今的社会经济学标准来划分，他们被划分为中产阶级。我之所以一定要以这些人作为本书的讨论对象，就是为了让每个人都知道，你也可以做到！

你只需要做两件事：

- 坚信你能够做到。
- 熟练掌握创造个人成功的52个定律。

这本书中都有谁

如果你想了解明星富翁，那你不该看这本书。我特意选择采访那些"不知名的百万富翁"。换句话说，这些人并不靠自己穿的衣服、开的汽车和住的房子来炫耀"我成功了！"。他们都是白手起家创造出自己的财富，并且是人人都可以理解并效仿的。他们都在 16~65 岁期间成了百万富翁。

这些百万富翁的背景各异。他们中有第一代、第二代和第三代美国移民男性与女性。他们中有白领专业人士，也有蓝领产业工人。他们是每天朝九晚五的上班族。你也会看到其中一些人有很好的想法并付诸实践，由此成了企业家。你将读到的大部分人至今仍然活跃在他们的行业中。

你会读到一个人由于违背了他母亲的意愿才获得成功；另一个人在创立自己的光纤公司之前靠干苦力谋生；还有一个人 15 岁时跟着不懂英语的父母来到美国，随身只带了一个行李箱和一把小提琴；你还会认识一个身为自己公司"首席快乐官"的人。

这些人中有的创办了自己的公司，还有的作为职员投身于某家公司。有些人在成功之前失败过；还些人为了养家，除了成功别无选择；另一些人则是自然而然地热爱自己的追求。无论原因如何，他们为了获得自己定义的"成功"都倾尽全力。

当你阅读本书时，你会发现有些人透露了自己的全名，有些人乐意分享自己的故事，但是要求匿名。无论如何，我都可以保证你会被他们的坦率激励到。

虽然在接受本书采访时，这些人中的绝大多数并不认识，但他们都有一些共同点，那就是他们身上或多或少都有创造个人成功所需的 52 个定律。

对白手起家的百万富翁先入为主的观念

如果我对白手起家的百万富翁没有那些先入为主的错误观念，我会更容易识别出他们。

《邻家的百万富翁》这本书 1996 年刚上市时我就读过。然而，我仍然有一种误解，认为这些白手起家的百万富翁住在最贵的街区，开着最新款的汽车，在社会上鹤立鸡群。

只有当我真正深入了解这些百万富翁时，我才意识到托马斯·斯坦利的发现是正确的，而我的观念是错误的。

- **误解**：白手起家的百万富翁毕业于名校。
- **真相**：虽然有些百万富翁确实曾就读于知名学府，但也有人毕业于普通的公立大学。有些只有高中学历，也有人甚至高中都没读完。

- **误解**：他们开最新款的汽车。
- **真相**：白手起家的百万富翁中只有很少一部分人这么做。

- **误解**：白手起家的百万富翁从不计较自己花多少钱。
- **真相**：大多数白手起家的百万富翁的生活水平低于其财富水平，有些人甚至生活朴素。

- **误解**：白手起家的百万富翁穿着时尚。
- **真相**：虽然有些人衣着时尚，但大部分人穿着并不起眼，只是穿着传统、保守的大众服装。

- **误解**：白手起家的百万富翁要比社会中低层人士显得高人一等。
- **真相**：大部分白手起家的百万富翁都很谦和，并乐于在其选择的社区公益活动或慈善事业上投入时间。

- **误解**：白手起家的百万富翁住在高档社区。
- **真相**：很多白手起家的百万富翁并不会炫耀自己，住在城郊的普通房子里。

- **误解**：只有特定个性的人天生适合靠个人奋斗成为百万富翁。
- **真相**：从最不起眼的人到最擅长交际的人都能获得成功。

- **误解**：创办一家企业需要伟大的想法。
- **真相**：创办一家成功的企业需要有合乎时宜的想法、强烈的工作责任心和实际行动。

这些奋斗的实干家与普通人的哪些做法不一样

我写这个部分的原因在于,试图观察白手起家的百万富翁和普通人之间的区分因素。在我认识了本书中采访的 30 位白手起家的百万富翁后,我才真正做到这一点。

答案就在我的眼前。我现在能清楚地看到答案,并想分享给你。在我告诉你这些区分因素之前,我要对你说的是,你认为可能是区分因素的那些品质实际上丝毫不起作用。

这些成功人士并没有比普通人受过更好的教育。事实上,其中有个人连高中也没读完。大部分人的家庭并不富裕,他们出生于中等收入或中低收入家庭。

如果既不是名校学历也不是已有资金促使他们开始追求成功,那么是什么呢?答案就是:他们具有金钱买不到的东西。他们曾经具有并仍然拥有人人都可以获得的、无形的特质。

在这一部分中,我把这些人和普通人行动上的区别归结为 18 项品质的有无。把白手起家的百万富翁们和还没有达到这个地位的人们区分开来的,是他们思考问题的方式、坚信"我能够成功"的心态以及对时间的掌控与重视。其他使他们脱颖而出的品质有:积极的态度、组织能力以及他们与金钱的关系。最重要的是,他们的坚韧和自律对取得今天的成功必不可少。他们的成功准则就是深谙并遵循这 52 个定律,而且始终自律,以保持七位数的身家。

以下就是这 30 个人做到过并继续在其职业和个人生活中保持的

18 项品质。你会发现，只要有良好的自律并坚持不懈，你也能够靠个人奋斗成为百万富翁。这些人都：

- 主宰自己的命运。
- 明智地安排自己的时间。
- 有高情商。
- 很自信。
- 值得信赖。
- 能"不走寻常路"。
- 了解简约的价值。
- 富有创意。
- 坚持不懈，直到成功。
- 不因自己的成功地位而自我膨胀。
- 注意自己的身体。
- 充实自己的头脑。
- 认识到自己不比生活中的其他人更优越。
- 善于安排事情的优先次序。
- 乐于给予，不善索取。
- 未雨绸缪。
- 对金钱心存敬畏。
- 善于随机应变。

白手起家的百万富翁如何从常人所称的失败中获益

你知道：

- 奥普拉·温弗里（Oprah Winfrey）在巴尔的摩的第一份新闻主播工作，是由于全身心投入自己的报道而被解雇的吗？
- 托马斯·爱迪生（Thomas Edison）曾被老师们告知不是学习的料吗？
- 一个电影制作人曾告诉哈里森·福特（Harrison Ford）他不会在大银幕上成功吗？

白手起家的百万富翁们之所以取得成功地位，在于他们解读结果的方式。当大多数人把意外的结果看作失败时，白手起家的百万富翁们把这些结果当作下一次尝试的跳板。

虽然听上去像是悖论，但白手起家的百万富翁们确实能够从失败中吸取教训。他们在重回"赛场"之前，会分析本该做出哪些改变。他们的词典中没有"失败"这个词。对成功人士来说，把失败转化为机遇至关重要。因此我将其标记为创富的第 20 个定律。

如何充分利用本书

要想充分利用本书，你应该把自己的成功特质与书中提到的成为百万富翁的每个定律相对照。当你意识到这些品质如此显而易见，而你都没有付诸实践时，你会感到"恍然大悟"。

这 52 个定律中的每一个都以一个行动步骤结尾。读完本书后，你要分析出你已经做到了哪些，然后每周专注于一项你还没做到的定律。对你来说第一次接触到的定律将是最难掌握的。这些也将会是产生最大影响并促使你靠个人奋斗成为百万富翁的"终点线"。

习惯 1

雄心勃勃

创富定律 1

培养百万富翁的思维方式

仅靠个人奋斗成为一名百万富翁绝非易事，否则，你早就成为百万富翁了。

取得这种财富地位的人和大多数人思考问题的方式有很大的不同。我把他们的思维方式称为"逆向思维"（reversal thinking），因为他们都是从最终结果开始思考问题的。

第一步：大胆设想！

这些养成了百万富翁思维方式的人，从一开始就用非常具体的表述来准确定义他们想要得到的东西。换句话说，他们会大胆设想。

这听上去很容易，对不对？的确如此！

咱们来演练一下：通过实践"逆向思维"来设想你想得到的东西。假设你已经设想要靠个人奋斗成为一名百万富翁。这第一步就完成了，下面还有两步要走！

第二步：坚持相信！

坚定地相信自己！你确实相信自己能靠个人奋斗成为一位百万富翁吗？说真的，你信吗？我希望这两个问题能够使你成为百万富翁的信念更加强烈。

如果你的脑海中充满了你不能成为一位百万富翁的各种理由，那么你现在就把它们一个一个（我几乎是入不敷出，我有汽车贷款要还，我有房贷要还……）写在纸上。

现在，你拿起这张自己写下了充满疑虑字句的纸，然后把它撕碎。对，用尽你的全力把它撕得粉碎。通过这样做，你将把这些疑虑从自己的脑海中驱散。无论何时，只要有疑虑潜入你的脑海，你就重复这个"写下来再撕碎"的过程！

与其让自己饱受那些怀疑论者的折磨，听他们很不以为然地说你那个靠个人奋斗成为百万富翁的目标只是"等着天上掉馅饼"，还不如坚持自己的设想，坚定自己的信念。如果你继续阅读本书，你会了解到如何用一些能够鼓励你实现自己的愿望的人来替换这些消极的人。实际上，定律27（与你想要成为的人交往）和定律28（找到一位智囊团顾问）对于你保持靠个人奋斗成为百万富翁的心态很有帮助。

第三步：实现所愿！

现在，把下面这句话写在三张字条上：

我将实现靠个人奋斗成为百万富翁的愿望。

你一定要真真切切地相信这点！然后，你把一张写着"我将实现靠个人奋斗成为百万富翁的愿望"的字条放在你的床垫下面，另一张放在你的钱包里，还有一张放在汽车的储物盒里——其实放在任何除你之外的人不会去看的地方都可以。还有，在你的手机备忘录里也存上这么一条。

现在你可能要问了：好，我已经设想我将靠个人奋斗成为一位百万富翁。我已经准备好了，我确实相信我能达到这样的财富地位。可是，我还不知道我该怎么开始做这件事啊。

请你明白，这个答案不是你能找到的。只要先提出这个问题：我怎样才能靠个人奋斗成为一位百万富翁呢？我保证答案就会来找你。也许要过上几周、一个月、一年甚至五年的时间，只要耐心听从你自己的内心，答案就会来找你。

猜猜现在怎么了？你已经走上成功之路了！我曾在自己过去40年的人生路上无数次成功地使用过这个被我简称为 CBA［设想（conceive）、相信（believe）、实现（achieve）］的策略，我向你保证它真的管用。

你靠个人奋斗成为百万富翁的信念，需要建立在你的思考的基础上。本书中的 30 位靠个人奋斗的百万富翁将用他们的亲身经历告诉你，他们是如何实现这个目标的。

正如本书中的一位白手起家的百万富翁安迪·伊达尔戈（Andy Hidalgo）所言："你什么都能做到，只要你真心想要做到。"

行动步骤： 通过设想、相信和实现你的愿望，把你的百万富翁信念付诸实践。

创富定律 2

明确成功对你意味着什么

你如何定义成功？很多人认为成功就是设定一个目标并实现它。其实，你在每天的个人生活和工作中都会体验到这样的成功：你去上班前列出了要完成的事项，并且成功地完成了其中的每一项；你想在下班之前完成一个项目，而你确实做到了。

所有这些小小的成就都会使你更有信心去获取更大的成功。你要知道，取得巨大的成功和小小的成功的原理都是相同的：树立一个目标，设定时间期限，然后实现目标。

我发现有些人实际上畏惧"成功"，这是相当令人惊讶的。也许是他们经历过一次失败，让这种消极状态占据了身心，从而认为自己没有能力取得成功，而不是从失败中吸取教训并继续前进。

这些人的思维方式和那些对成功抱有积极信念的人大不相同。后者会根据他们以往的经验从积极的方面定义成功这个词。在他们心中，过往的经验使他们有信心、有能力去实现未来的"成功"。

本书旨在让你明白，你是有能力获得成功的。你可以自己决定如何定义你想得到什么，并把这52个创富定律付诸实践。

我曾经询问本书采访过的这些白手起家的百万富翁，他们如何定义成功。以下是其中的一些答案：

成功就是任何让你感到幸福的事。

——康妮·洛伦茨（Connie Lorenz）

养得起我的孩子，在工作中起到积极的作用，实现对个人和职业都有积极效益且有点难度的目标。

——约翰·皮尔斯（John Pierce）

对你自己和镜子里你看见的那个人感到满意，而不仅仅在于别人对你感到满意。

——米基·雷德瓦恩（Mickey Redwine）

感到幸福。在生活中取得平衡，感觉到满足、爱和赏识，有能力照顾好自己和家人，并有足够的能力帮助他人。

——史蒂夫·亨布尔（Steve Humble）

有人欣赏你所做的一切,感到幸福,能够放松,有足够的财力让你不必为了生计奔波,并且仍然得到人们的尊重。

——詹姆斯·蒂莫西·怀特(James Timothy White)

做我热爱的事,并能以此赚钱。

——麦克·维特尔(Mike Vetter)

能照顾我的家庭,并有能力帮助其他有需要的人。

——邦尼·莱特西(Bunny Lightsey)

在你所选择的行业中获得成功。

——尼克·科瓦切维奇(Nick Kovacevich)

在我热爱的事业中赚到足够多的钱。创造出一段传奇经历。

——汤姆·科利(Tom Corley)

有能力做让我感到快乐的事,而不必担心金钱或其他职场压力。

——比尔·邓恩(Bill Dunn)

从事你热爱的事业并从中得到享受。

——艾伦·S(Allan S)

实现你的个人财富目标,从不违背你正直的品行和家庭价值观。

——安迪·伊达尔戈

与你的内心保持持续的沟通。

——扎克·伯克博士(Dr. Zach Berk)

如果你能从失败中吸取教训,并且不丧失热情,还被其他人喜爱和尊重,那么你就获得了成功。

——罗杰·德罗斯(Rodger DeRose)

取得成功就是,我所热衷的事情能够实现,而且最终的结果可以获得我所崇敬的人的赞赏。

——约翰·M(John M)

明确成功对你意味着什么的三个方法

- 把你最近开始并成功完成的一个项目写下来。
- 记录下完成以上项目的过程。
- 说明你完成这个项目后获得的收益。

行动步骤: 记录下成功对你的意义。

习惯 2

知道必须有信心才能"成功"

创富定律 3

找到你所热衷的事物

你每天的工作是在做你热爱的事还是令你头疼的事？如果你热爱并且擅长自己的工作，那你就已经找到了你的热情所在。如果你正在努力寻找你所热衷的，那么这个定律对你尤为重要！

让我告诉你我所热衷的：我爱告诉别人怎么做。我的意思不是对别人颐指气使，而是引导别人走向成功。这就是我为何在 31 岁时就创办了培训公司——培训年轻从业者如何攀爬成功的艰难阶梯。

现在轮到你了。我们来找出你所热衷的事物。你闲暇时喜欢做什么事或读什么书？你喜欢运动、旅行或写作吗？也许你喜欢听房产经纪人夸夸其谈，或者热衷淘换古董或四处漫步？要找到你所热衷的事物，第一步就是弄明白你最喜欢做什么，以至都感觉不到时间的流逝。一旦你弄明白了这一点,你就找到了你所热衷的事物!

很多人因做着他们不喜欢的事而感到困扰。不仅他们自己很可悲,他们还让自己身边的每个人都不愉快。你是否也是如此?

让我给你讲讲艾伦·S 的故事吧,他是你在本书中遇到的第一位白手起家的百万富翁。在艾伦 9 岁时,父母给他买了一把小提琴,他那时就已经找到了自己所热衷的事物,尽管艾仑当时可能并没意识到。

一开始,艾伦像大多数学小提琴的孩子一样每天练琴 30 分钟。过了几年,他已经会很自觉地练琴了。事实上,他如此享受练琴的时光,以至每天会主动练琴一个小时,后来每天要练上 4 个小时!如果这还不算找到自己的热情所在,那什么算呢?

当艾伦选择大学专业的时候,他的妈妈极力主张他学医或学法律。可这些都不是艾伦感兴趣的。他违背了母亲的意愿,申请了茱利亚音乐学院(Juilliard School of Music)。

在茱利亚音乐学院学习期间,艾伦遇到了一位小提琴大师,这位大师要艾伦为他演奏一曲。一曲演奏完毕,这位小提琴大师告诉艾伦,他拉得不错,但是他应该选择其他职业,因为成为音乐家是一条艰辛的职业道路。

幸运的是,艾伦对小提琴演奏的直觉和热情占了上风。他仍然坚持每天练琴 4 个小时。他甚至参加了世界知名的纽约爱乐乐团(New York Philharmonic)招募小提琴手的试奏,但是落选了。

被拒之门外并没有阻挡艾伦追求自己的热情。他继续练琴，并在两年后再次参加纽约爱乐乐团的试奏。而这一次，乐团指挥伦纳德·伯恩斯坦（Leonard Bernstein）聘用了他！

艾伦在纽约爱乐乐团度过了35年的职业生涯。这就是一个人追寻他所热衷的事物会产生的结果！

在你找到你热衷的事物后，你必须坚持不懈。在艾伦的故事中，成功并非易事。成功的代价是历时16年的1 600个小时的练习，是为了追求热衷的事物而违背家人的意愿，而不是选择一条母亲认为更适合他的职业道路。

现在，轮到你按照以下三个步骤来找到你所热衷的事物了。

- 第一步：找出你的热情所在。你要花时间弄清楚这点，它可能就近在眼前。当它出现时，你将会发现你的热情所在。
- 第二步：用它赚钱。一旦你发现了自己热衷的事物，就可以和那些跟你兴趣相投、喜好与共的人交流。弄清楚他们是怎么靠这件事赚钱的，这将有助于你想明白如何围绕你所热衷的事物来建立一家企业。
- 第三步：坚持到底。即使有唱反调的人告诉你这是浪费时间，你也不要气馁。相反，你要鼓足勇气追求理想，战胜路上的一切障碍。

行动步骤： 找到你所热爱并且能以此赚钱的事物。

创富定律 4

相信自己

如果高智商能让人成功，那恐怕只有学校里的佼佼者才能走上成功之路；如果金钱本身就能让人成功，那么只有有钱人才能创造出今天的诸多发明。虽然拥有高智商和金钱是好事，但二者都不在创造个人成功的 52 个定律之列。成功的关键定律之一就是相信自己。

从大学辍学并不值得提倡，尽管有很多成功人士是这样做的。这些人包括奥普拉·温弗里、马克·扎克伯格（Mark Zuckerberg）、布拉德·皮特（Brad Pitt）、特德·特纳（Ted Turner）、史蒂夫·乔布斯（Steve Jobs），还有很多人。这些大人物都有一个共同之处，那就是相信自己。

想一想你认识的特别聪慧的人吧，他们可能有了不起的想法，但没有足够的自信把想法付诸实践。然后，再想一想另外一些人，他们不是聪明绝顶的人，却足够自信，因而能够依据一个简单的概念创办出一家价值百万美元的公司。

这两类人的区别在于，不够自信的那类人认为他们的想法不能成功，而更加自信的那类人根本没想过他们的想法会不成功。事实上，让别人接受他们的想法，首先在于他们对自己的信念以及他们对成功的设想。

你是哪类人呢？是因为没有自信而自我放弃的人，还是能感染人心并通过自己的信念使别人相信你的想法的人？

让我给你引见劳拉·菲茨杰拉德（Laura FitzGerald）——本书中第二位百万富翁吧。劳拉由于足够自信而在 51 岁时成了一位百万富翁。她就是信念的魔力最好的见证。劳拉相信自己能够成为伊利奥斯资源（Ilios Resources）公司的总裁，同时能成为专业认证人士。她在路易斯安那州什里夫波市创办了自己的公司，这家公司购买了路易斯安那州北部、得克萨斯州东部和阿肯色州南部的许多矿山。

劳拉常常对别人说："我为别人赚了上百万美元，同样也能为你赚上百万美元。"当被问及她对自己和自己企业的信念的魔力如何引导她实现今天的成功时，劳拉解释说，正是通过孜孜不倦且坚持不懈的学习与总结，并且不停尝试，她才学会了相信自己，永不放弃。有很多次，劳拉认为唯一能够解释或描述"信念的魔力"的方式，就是上帝的旨意。

作为一名"土地和矿产所有人"，劳拉置身于"男性的行业"并以此为生。她寻找、购买、销售、代理和租赁矿业权（石油和天然气）土地。从 2004 年起，劳拉已经积累了超过 4 万英亩（约等于 161.9 平方千米）的矿业权，这使她身家上百万美元。如果这还不算相信自己，那什么算呢？

本书采访的第三位白手起家的百万富翁约翰·M 在 17 岁时挣到了第一个一百万。他说："你必须比任何人都要更加相信自己。无论你年纪多大或者出身如何，任何人都不会比你更坚持你的追求。"

三种方式帮你树立自信

- 成为"能行"的人而不是"不行"的人。当脑海中浮现出消极的想法时,你不妨用一个积极的表达去推翻它。比如把"我太累了,不能去健身房"改成"我会振作精神,去锻炼30分钟"。
- 当想到一个你认为了不起的主意时,你可以读一读某个把自己的想法变为现实的人的故事。这有助于你树立信心,完善自己的想法并尽早把它变为现实。
- 多读、多听并让自己身边围绕着建设性意见和积极向上人。要知道,你是和你在一起时间最多的四个人的合体。

行动步骤: 把你认真思索的一个主意变为现实。

创富定律 5

采用形象思维

运动员会利用形象思维,顺势疗法治疗师推荐形象思维,白手起家的百万富翁们也富于形象思维。

你可以每天都使用几次形象思维;你也可以想象一项触手可及的活动,然后把它付诸实践。

形象思维很简单。只要在你的脑海中形成图像,然后照着这个过程行动,你就能把你心中所想变为现实。你越有毅力,你脑海中的形象就能越快(几周、几个月或几年)转化为成果。

你可能会问:"如果人人都可以进行形象思维,那为什么只有少数人真正做到了呢?"如果你属于那种还没在人生中经历这个神奇过程的人,那就让我通过三个例子来向你证明形象思维是如何起作用的。

汤姆·科利的形象思维实践

汤姆·科利是本书采访的第四位白手起家的百万富翁,他告诉我他采用了一种三步法来实现梦想。

- 第一步:勾画出自己的梦想。汤姆的梦想是出现在全国性电视节目中。
- 第二步:明确实现梦想能够达成的目标。汤姆的目标是分享他的"有钱人的习惯"研究,并推广他写的书。
- 第三步:每天都为实现目标而付出努力。在三年半中,汤姆坚持在推特(Twitter)上争取媒体采访机会近2.5万次,努力把梦想变为现实。

2013年6月,曾获得雅虎财经频道奖项的节目《财务健康》(*Financially Fit*)的主持人法诺什·托拉比(Farnoosh Torabi)注意到了汤姆发的一条推特。由此引发的采访于2013年7月16日播出，在 24 小时内获得了超过 200 万的点击量。这次采访引起了哥伦比亚广播公司（CBS）某节目组人员的注意，他们邀请汤姆到波士顿分公司的工作室接受采访。这次采访在 2013 年 11 月播出。随后，CBS 在美国和加拿大的其他分公司也转播了这次采访，共有超过 1 000 万的观众在哥伦比亚广播公司的晚间新闻中看到了汤姆。结果就是，汤姆运用其形象思维的娴熟技艺卖出了成千上万本书。

汤姆无愧于掌声与欢呼。如果你按照以上三步法行事，形象思维就很容易实现。不过，你要知道，这不是一蹴而就的。

艾伦·S 的期望定律形象化实践："假戏真做"

你在定律 3（找到你所热衷的事物）中读过艾伦·S 的故事。现在，我给你讲讲这位白手起家的百万富翁是如何利用形象思维把他的房子卖出去的。

艾伦和他的妻子在他们第一个孩子出生后购买了一所房子。他们在这所房子里养育了两个女儿。多年后，他们的女儿都已嫁人，也有了自己的家庭。艾伦在他的妻子去世四年后打算卖掉自己住了多年的房子。不过，这所房子已经有超过半个世纪没有被翻新过了。

但是艾伦对此并不担心，而是通过一位房产经纪人挂牌出售房子。他本想从卖房子的收入里给他的两个女儿每人一笔钱。在艾伦家的院子挂出"待售"牌子后的一天，他"假装"房子已经卖出去了。他给两个女儿各写了一封信，信中说他和她们的妈妈多么高兴能在这所房子里养育她们。他甚至给他的两个女儿各开了一张支票，并把支票的日期填成他真正写信日的三个月后。

两周后，有人要买艾伦的房子。艾伦似乎得到了他最好的朋友——他的妻子的一点点帮助。虽然他的妻子去世四年了，但是那人提出买房子的日子正是他妻子的生日——7月14日。艾伦的"假戏真做"起作用了！

"这又说明什么问题呢？"你可能会问。你如果对形象思维的力量还不信服，那么请接着往下读。

我个人的形象思维经历

我的第一本书《简明商务礼仪》（*Business Etiquette in Brief*）于1992年出版，我特意把一本样书放在家中餐厅储物架的最顶层。在那本书旁边，我精心放上了一本奥普拉·温弗里的书《和罗西在厨房里》（*In the Kitchen With Rosie*），让两本书的边角相接。

那天下午，当我的孩子放学回家时，他们发现那两本书奇怪地与水晶餐具和纯银餐具放在一起。他们问我为什么那么做。我把自己的真实想法告诉了他们：我脑海中出现了接到邀请作为《奥普拉脱口秀》（*The Oprah Winfrey Show*）嘉宾的景象。由于我的孩子们还不了解形象思维的力量，所以他们觉得我在胡思乱想。

奥普拉的书和我的书放在一起四年。它们就显眼地放在我家餐厅那个玻璃门的储物架上，我每次经过那个房间都能看到。

1996年深秋的一天，我正在家里写当天要交的专栏文章。我告诉助手苏西不要给我打电话，除非是绝对重要的事。下午两点左右，电话铃响了。过了一会儿，苏西告诉我她刚接了一个电话，而我必须尽快回电。当我问她能不能第二天回电时，她坚持要我马上回电。她告诉了我一个区号是312的电话号码，还有一个人名。当我问她那家公司的名字时，她说："哈普娱乐集团（Harpo Production）。"当我再问她那是一家什么样的公司时，她回答道："你把奥普拉的英文名字倒过来拼写看看！"原来，这个电话就是《奥普拉脱口秀》的一位制片人打过来的，邀请我参加他们的节目！

你问这一切是如何发生的？这就叫形象思维！我那"怀疑主义"的孩子们现在是这种做法的坚定拥护者。我希望你也是！

你准备好实现自己的愿望了吗？通过形象思维的力量把它变为现实吧。

- 勾画你的梦想，确保它对所有人有益。
- 记录下实现梦想能达到的目标。
- 用清楚的语句记录或找到符合你的愿望的图片，并把它们放在你每天都能看到的地方，把这作为目标的起点并竭力去实现目标。
- "假装"这个目标已经实现了。

行动步骤： 想清楚你到底要什么，把它写下来，然后"假装"你已经达成所愿。

习惯 3

有目的性

创富定律 6

设定有意义的目标

为了达成心中所愿,你首先必须知道自己想成为什么样子。比如你想减去 10 磅体重,你想开办一家企业,或者你想靠个人奋斗成为一名百万富翁!从最终结果——你的目标开始思考。

以下是森迈斯金融集团(Semmax Financial Group)的投资顾问乔·贝里(Joe Berry)的建议:

> 首先,你需要选定一个对你有意义的目标,当出现其他诱惑与需求时,你甘愿为达成该目标而做出"牺牲"。其次,你要把你的目标写下来并时常翻看,这样你就会集中精力去实现目标。[1]

大多数人都能想到他们要达成的目标并努力实现，但他们忘记了一件重要的事：把目标写下来。

传奇体育经纪人、IMG 公司创始人马克·麦考梅克（Mark McCormack）在《哈佛商学院不会教你的商业策略》（*What They Don't Teach You at Harvard Business School*）一书中提到了 1979 年在哈佛 MBA 项目中进行的一项研究。那一年，学生们被问道："你们中有多少人为自己的将来设定了清晰的有文字记录的目标，并制订了实现目标的计划？"令人吃惊的是：

- 84% 的人毫无目标。
- 13% 的人有目标但是没有写出来。
- 只有 3% 的研究生为写出来的目标不懈努力着。[2]

10 年后，这些人又被找到并接受了调查。那 13% 在 1979 年哈佛 MBA 项目中就设定了目标的人，即使没有把目标写下来，平均而言，赚的钱是那 84% 没有设定目标的同班同学的两倍。听上去不错吧？下面才是真正了不起的：

那 3% 早在 10 年前就把目标清楚写出来的人赚的钱平均是另外那 97% 的人加起来的 10 倍！

事实胜于雄辩。把你的目标记录下来吧！

行动步骤： 把你确定的目标写下来。

创富定律 7
掌控自己的人生

我们都得面对现实：当生活加诸你苦难或者你无意中遇到不堪境地时，只有坚强自信，你才能够屹立不倒。

面对意料外的挑战，我们需要强大的毅力。心理脆弱的人是无法掌控自己的人生的。也许这就是为什么掌控自己的人生正是白手起家的百万富翁们具有的特质之一，同时也是创富定律 7。

本书采访的第五位白手起家的百万富翁萨里安·布马（Sarian Bouma）绝对掌控着自己的人生。正如其自传《百万富翁的救赎：胜者之心》（*Welfare to Millionaire: The Heart of a Winner*）中写到的，她在从非洲的塞拉利昂来到美国的前五年经历了诸多意外。她来到这片"自由大陆"，本来是打算继续在传媒方面的学业的，因为她青少年时期就在故乡从事广播电视行业并小有成就。

在抵达美国的前五年里，萨里安遇到了她当时认为的白马王子。他们结了婚，有了孩子，又离了婚。萨里安一度靠社会救济度日。她因为没有足够的食品券而不能买牛奶，只能给孩子喂水喝的那天，正是她重新掌控自己的人生并加以扭转的日子。

萨里安以挥别过往、担起责任作为开端。她遇到了一位就业指导员。那位指导员建议她通过指导中心申请参加一个银行的培训项目。她接受了这个人的建议，并顺利进入培训项目。

完成培训后，她成为一个银行柜员，工作几年后，又成为一名信用社经理。她遇到了她的第二任丈夫——被她在职场中的开朗、勤奋和气度吸引。

萨里安的丈夫鼓励她创办一家企业，做一些自己擅长的事。她认真思考了丈夫的建议，想起了她在美国的前五年曾经干过家庭和写字楼的保洁工作并获得很多褒奖。

她开始了申请小型企业贷款的程序，并在申请书上写道："有一天，美国总统办公室也将出现在我的客户名单中。"四年过去了，她真的获得了美国总统所在的新行政办公大楼的保洁合约。

萨里安·布马于1987年6月创办了国会山楼宇维护股份有限公司（Capitol Hill Building Maintenance Inc.）。她这家屡获奖项、价值数百万美元的公司雇用了超过200位员工。

萨里安在35岁左右时靠个人奋斗成为一位百万富翁。她说她的力量源于自己的坚韧。

掌控自己人生的三个诀窍

- 找出自己的优点和缺点。充分发挥自己的优点，并逐步把缺点转化为优点。

- 对自己保持积极认知。读一些有助于提升自尊和自信的图书。这样，当你发现自己处于人生的某个十字路口时，你就能更加果断地行事，而不是踌躇不决。
- 避免"瘫痪性分析"（对面临的情况思虑过度）。反之，给自己设定一个时间期限，一定要在此之前掌控住意外情况。最坏的决定往往就是不做出决定。

行动步骤： 通过安排好每个最小的细节来掌控你的人生，这样能使你为处理将来遇到的更大的挑战做好准备。

习惯 4

良好的职业操守

创富定律 8
言而有信

你是一个言而有信的人还是一个言而无信的人？人们常常根据你是否遵守自己的诺言来评价你的诚信度。言出必行是靠个人奋斗成为百万富翁所需的重要品质。

你要知道，要做到对别人遵守诺言，首先要对自己言而有信。比如，当你打算不再吃甜食时，你做到了吗？当你说你要保证晚上睡足八个小时时，你做到了吗？还有当你下决心要每周运动五次时，你做到了吗？要想成为言而有信的人，首先要对自己遵守承诺。

成功人士说到做到。做出承诺往往只需要动动嘴皮子。本书采访的第二十一位白手起家的百万富翁——动力电缆控股公司

（Dynamic Cable Holdings）的创始人米基·雷德瓦恩与其最大的客户之一的关系就是最好的例证。

在一次紧急情况下，光纤电缆断了，客户公司对成千上万用户的服务中断了。此时，最关键的就在于迅速采取补救措施，而那时该公司没有时间对项目进行招标，也没时间为米基提供的服务办理书面手续。米基去做这项价值数百万美元的工作仅仅建立在信任的基础上。

你是一个信守诺言的人，还是人人都知道你说一套做一套？人们常常会开"我回头给你打电话"或"我明天给你打电话"这样的空头支票。而听到这些话的人则常常信以为真，期待届时接到对方的电话。如果说这话的人到时没有打电话，那他在对方心目中就毫无信用可言了。

要知道，当你承诺在某个时间做某事而没有做到的话，你的信用就会受到损害。

信守承诺的三个方法

- 当你承诺要做某事时，就把它写下来。这样，你的承诺就更有可能实现，你也更有可能遵照执行。
- 如果你承诺了某时做某事，那就要做到！如果遵守诺言，你就会在对方心目中建立可信的形象。
- 如果被人发现没有说到做到，你也不要找借口。下一次你再做出承诺时，一定要说到做到，这样你就能重建自己的信用。

行动步骤： 说到做到能在他人心中塑造你的可信度。

创富定律 9
诚信做人

我们大多数人不会在夜深人静时反省自己的品行是否正直。我可以明确告诉你的是，一旦经受检验，你就知道自己是不是正直了。

让我给你讲讲本书采访的第六位白手起家的百万富翁康妮·洛伦茨的故事，她因为诚信做人而赚了一大笔钱。

据康妮说，她出身贫寒。在初入职场时，她觉得收到账单后能够立刻还款而不必等到发工资就是一种成功。

当成为一家公司的办公室经理兼会计后，她无法理解这家企业为什么赚了很多钱还付不起账单。

公司的总裁请康妮帮忙调查一位前员工，总裁怀疑那个人挪用公款。在调查中，康妮发现有些账对不上。她很快就发现公司的财务问题出在从总裁到基层员工的所有人身上，人人都在"揩油"。

康妮还发现，公司一位身在外州的股东对公司有两套账本——

事一无所知。于是，她开始采用一种万无一失的方法，确保公司上下为送出去的每盎司原料负责，同时要求买入的每件东西都要有采购单。数字不会说谎，一旦偷盗行为被制止，康妮就能够使公司重新开始赢利了。在此期间，康妮把数据做了一番对比，以便股东有据可查。接着她又花了8个月的时间对账，并为整个公司重建了前5年的账本，发现公司竟然有150多万美元的资金缺口！

康妮人生中最艰难的一天就是告诉那位外州的股东，他最好的朋友（也是他生意上的合作伙伴）就是那个从公司偷钱的人。第二天，那位股东就飞到这个城市并解雇了总裁。这位股东对康妮说，如果她能帮他把公司管理好，就让她当总裁。康妮并没有把这话当真，但她把公司当作自己的事业一样。她热爱这份工作，并且可以灵活地安排工作时间。

2006年，当这位股东给康妮打电话说他已经准备好信守承诺并把公司转入康妮名下时，她大吃一惊。在这位股东签署了最后一份文件并说"有一天你会成为一位非常富有的年轻女士"时，康妮并不完全理解他的意思。这位股东给康妮写了一封信，信中提到一个陌生人进入公司并拯救了他，以及这件事让他多么感动。

我们应当注意的是：除了是一个诚信正直的人，康妮还非常谦逊。直到《蓝领百万富翁》（*Blue Collar Millionaires*）节目的制作人找到康妮，她才知道自己已经是百万富翁了。康妮以为他们找错人了。直到她真正参加节目时，她才相信自己确实已是百万富翁了。看看诚信的回报吧！

表现出诚信的四种方式

- 遵守承诺。如果你说在某时会给某人一个答复，你就要准时联系那个人——早一点儿也可以——无论那时你是否拥有了足够的信息。
- 要诚实。在犯错时，你得"承认"错误而不要指责他人。失败者才会推卸责任。
- 崇尚道德。当知道某些事违背道德时，你就要做出相应的处理，而不是佯作不知。
- 尊重他人。像对待你的领导那样体贴地对待保安和门卫。

行动步骤： 在下一次经受考验的时候，你评估一下自己的诚信程度。

习惯 5

排好优先次序

创富定律 10
学会掌控时间

成功人士把时间视为非常宝贵的东西。白手起家的百万富翁们在起床之前就会对当天要完成的事做好计划。

在本书采访的 30 个人中,有些习惯早起,他们在天亮之前就能做完很多事;也有一些是夜猫子,他们觉得深夜是他们效率最高的时间段;还有的人睡得晚起得早!

以下是他们中一些人对此的表述:

我信奉早起,我在早上 8 点前做完的事常常比一天中剩余时间做的事还多。

——康妮·洛伦茨

我会早起运动后吃一顿健康早餐,在午饭前工作 5 个小时。

——迈克·维特尔

我早起晚睡,不想浪费任何一分钟,也不想错过任何一项活动。

——德鲁·里斯(Dru Riess)

我比别人都起得早,比别人都睡得晚。

——邦尼·莱特西

准备好一天投入 30 个小时,因为 24 个小时根本不够。

——萨里安·布马

掌控时间的六大策略

- 为工作做好计划并按计划行事。每天晚上都为接下来的 24 小时要完成的事制订详细计划,这样做能让你放松身心。
- 平衡工作与娱乐。在你列出要做的事的清单后,评估一下做每件事的目的,并把这些事分为"一定要做的事"和"希望做的事"。比如,你的清单可能会是这样的:
  —— **一定**要为新业务建立联系。
  —— **一定**要维持现有的业务联系。
  —— **希望**和家人一起吃晚饭。

——**希望**做运动。

——**希望**有时间思考。

- 你如果想到什么需要做的事,就在接下来的一天中安排时间去做。你如果发现某件事必须当天做,就把这件"一定要做的事"排在"希望做的事"的前面。
- 放松你的大脑。当想到有什么事要做的时候,你就把它写下来,而不要放在心里。
- 每天只查看一次信件或者不查。时间管理大师都通过设置账单自动支付功能来尽量只查一次或根本不查账单,如果通过平邮收到账单,他们则会拆开并马上支付,而不是等到以后再做。
- 把时间换算成金钱。审视你每周的优先工作,计算出它们的经济价值。要知道,和家人在一起、做运动以及花时间思考都是无价的!

行动步骤: 像对待一张 1 000 美元的支票那样尊重一天中的每个小时。

创富定律 11

守 时

如果一个人总是迟到,那他永远也不可能靠个人奋斗成为百万富翁。你觉得这话听着刺耳？也许的确如此，有时真相就是这么扎心。

在过去 15 年中，我一直在分析人们和时间之间的关系。我确信，早到或守时的人比迟到的人更加自律。

能够掌控自己时间的人也能够掌控自己的金钱。我并非信口开河，因为我可以证实这个观点。请你写下一个人的名字。如果这个人通常会早到，请在他的名字旁边写上"E"；如果这个人通常守时，请在他的名字旁边写上"O"；如果这个人总是迟到，请在他的名字旁边写上"L"。

如果你在这个人名字旁边写的是"L"，那么恕我冒昧，这个人的财务状况不怎么样。如果你说这不是事实，那这个人很可能是家里有钱！如果你在这个人名字旁边写的是"E"或者"O"，我敢断言这个人的经济状况很不错。我是不是向你证实了"你如果能掌控自己的时间，就能掌控自己的金钱"这个观点？

五三银行（Fifth Third Bank）前 CEO（首席执行官）和董事会主席乔治·谢弗（George Schaefer）对自己的员工提出了一条准时守则："如果你早到了 5 分钟，你就是迟到了 10 分钟。"我已为这家银行的员工提供了超过 25 年的咨询服务，我敢说五三银行 99.9% 的员工来参加我的培训项目从来不会迟到。是否守时完全在于如何设置预期值。

因此，如果你读到本书的这个部分并且能够认同早到或守时的话，那么祝贺你，你绝对具有靠个人奋斗成为百万富翁的潜力。

另外，如果众所周知你总爱迟到，只要你能把这个定律付诸实践，你还是有希望成为百万富翁的。

以下是变成一个守时者的两条行动准则。

- 把你必须出发的时间写下来。如果你某时必须到达某处，那么你要把你必须出发的时间而不是你必须到达的时间写下来。
- 为到达约会地点留出一部分富裕时间。这能最大程度地减轻你的压力，尤其是当你身陷未预料到的交通堵塞时。

掌握这个定律还有一个额外的好处，那就是这个习惯会自动带入你管理自己资金的方式中。你等着瞧好了。

行动步骤： 如果你要参加一个已经确定了时间的会议，那么你要把你必须出发的时间而不是必须到达的时间写下来。

创富定律 12
专　注

对很多人来说，专注的力量可能是一条很简单的定律。不过，在你掌握这个定律之前，专注并不容易做到。成功人士都知道，集中精力一次完成一件事能节省大量时间，同时也更加省力。

多任务型的人可能错误地"感觉到"更有效率，因为他们同时做了好几件事。比如，他们可能正在做一项工作，看到有电子邮件来了就马上查看，然后回复邮件，再回来做手头的工作，十分钟后又收到一条手机短信，又从工作中抽身去回复短信，然后再回来做手头的工作。难怪这项工作要多花两到四个小时才能做完！这样不仅效率超低，还会使这项工作变得很烦人。

我给你举一个最近的例子吧。在2017年秋天，我在为我的一家能源公司客户做项目培训时，当我询问在场的高级客户经理，他们觉得自己的哪部分工作压力最大时，他们中的一些人说自己在每天的工作之余还要花大把时间"回应别人"。他们说，当接到客户打来的投诉电话或收到其他部门发来的电子邮件时，他们感觉自己被迫偏离了当日的工作方向。

在场的一位经验丰富的客户经理站出来为他的同事们提供了解决方案。他提醒大家想想查尔斯·温切斯特（Charles Winchester）［电视剧《陆军野战医院》（$M*A*S*H$）中的人物］说过的话。这个明智的建议就是："一次只做一件事。把这件事做好，然后再做下一件。"他的很多同事显出恍然大悟的神情。他们意识到，他们不必像巴甫洛夫（Pavlov）的狗那样每次接到电话或收到邮件都立刻做出反应。他们认识到，如果一次只做一件事，做好一件事再做下一件，而不是对每次打扰都"做出回应"，他们就能更高效地利用时间了。

不要让分散注意力的事情控制住你，而要像成功人士那样掌握专注的力量。做到这一点的方式之一就是，主动采取措施，把会打扰你的东西都屏蔽掉，创造一个没有噪声和其他人打扰的环境。这不是说让你不合群，而是需要你合理地规划工作的时间和地点，以便最大程度地集中精力。

同时，你要和自己定个约会。列出你与自己相约的日期、开始和结束的时间以及地点。想清楚那时你要毫不分心地专注于哪件事，不要让任何事物妨碍你的"专注约会"。你要做完的事越具体、越清晰，这段时间就会越富有成效。

由于我很容易分心，我给自己定的"专注时间"是早上4时30分左右。我会早起，把狗放出去并煮上咖啡。早上5时，我会在自己的工作区一个人待着，做当天我必须完成的最有挑战性的那项工作，直到7时30分。在不受打扰的两个半小时里能完成一件事情，真是让人大为惊喜。

本书中的第七位白手起家的百万富翁克丽丝滕·苏扎（Kristen Souza），也证实了专注的力量对他们夫妇赚到700万美元净利润有多么重要。克丽丝滕说，她专注的方式就是避免分心、打扰和浪费时间的事阻碍她做最重要的事。这个成功的定律确实对他们有效。这两个夏威夷本地人在尤克里里手工制琴业中是全球知名的领导者。

如果你还没有掌握"保持专注"这个创富定律，那么以下是帮你掌握它的四个步骤。

- 定一个和自己的约会。写下地点、开始和结束的时间以及手头的工作。
- 为自己准备一个日程表。把你想要完成的工作以及为实现这个每日目标需要做的事列出来。
- 当和自己约会时，你要审视你设定的目标，然后开始行动。你如果分神了，只要再专注起来并继续工作就行了。
- 快接近约会结束时间时，给自己定好下一次"专注约会"的时间。

一旦形成习惯，你就会很感激这些与自己的约会。通过掌握专注的力量，你也将变得更会利用时间。

行动步骤： 每一天都规划出具体的起始时间和地点，以及需要专注去做的事。

习惯 6

渴求知识

创富定律 13

活到老学到老

想一想：你很可能已经花费了你生命中前 18～22 年中的大部分时间来学习。你学习走路、说话，成为一个社会人；你学习阅读、写作和计算；你学习你所选择用以谋生的行业，而且可能大多数时间做得很快乐——你可能继续留在这个行业，或者把它作为跳板找到你热爱的领域。

当正式的学校教育结束后，你的学习曲线是否就变得平直了？你的业余时间是不是开始用在非学习性的活动上了？

如果你和大多数人一样，那么你的业余时间很可能会用在上网上。你可能会花好几个小时浏览脸书(Facebook)，看网飞(Netflix)上的电影或你最爱看的电视节目。虽然这样做没什么不好，但这不能取代继续学习。

努力争取成功的人会使自己用于学习以外的时间最小化。他们会有效利用时间充实自己，以便保证他们的学习曲线继续上升。喜好是可以培养的，热衷的事情是需要被发现的，阅读和实践探索可以持续进行。

终生学习者持续地积累着知识。你在定律5中见过的汤姆·科利曾花了5年时间研究177位百万富翁的习惯。在他2016年的书《改变习惯，改变人生》(Change Your Habits: Change Your Life)中，科利提到这些百万富翁中有87%的人每天会花半个小时或更长的时间来阅读。这些人读书不是为了娱乐，而是为了获取知识。科利发现白手起家的百万富翁会读三种书：提升自我的、自传类的和历史类的。[1]

想一想：每天阅读30分钟，就相当于一年能读30本书。（说明：普通成年人的阅读速度为每分钟200～300字。）

不过，根据皮尤研究中心（Pew Research）的一项网络调查，美国普通成年人每年只读5本书。[2]因此，要赶上那些白手起家的百万富翁，我们还得多读几本书。

以下四个方法能让你不必每天花费更多时间就能成为一名终生学习者。

- 每天为终生学习之旅规划出一段具体的时间。如果提前做计划，你更可能会付诸行动。

- 把你认为"无所事事的时间"利用起来。如果听讲是你喜欢的学习方法,你就可以听听音频或有声书。你也可以充分利用你在医生门外等候的时间,那位医生可能就在学习时间管理课程。你可以将以前常被浪费的时间利用起来,作为每天30分钟学习时间的一部分。
- 你努力想成为什么样的人,就选择多读、多听并获取那些人的经验。你如果想变得伟大,就读一读关于伟人的书。你如果想完成人生中的某项挑战,就读一读已经挑战成功的人的书。
- 终生学习能够锻炼你的头脑。除了增强脑力,你还能掌握一个创富定律。

行动步骤: 每天安排 30 分钟来开始你的终生学习之旅。

创富定律 14
每天学点新东西

成功人士保持创造力的方式之一就是每天学点儿新东西:有人搜集其专长领域的信息,有人会花时间去学新的技能。

这些实干家会在他们的日程中规划出时间来挑战自己的脑力和体力。他们所做的可能只是简单地听听音频、读一份晨报或者上一次高尔夫球课。

阅 读

白手起家的百万富翁和普通美国人阅读的理由不同。普通美国人阅读是为了消遣以及减轻压力，而大多数白手起家的百万富翁会选择那些能够充实他们头脑和思维的图书。虽然有些人会读他们喜爱的作者写的推理小说或非小说类书籍，但他们中大部分人会集中于三个领域的话题：提升自我的、自传类的和历史类的。对此，我在创富定律13（活到老学到老）中已经说过了。读这些类别的书的原因之一就是能够从他人的经验中吸取教训，并学习自己未来可能遇到类似情况时的应对方法。

运 动

无论是像打网球这样的剧烈运动还是像打高尔夫球那样不太像体育的运动，都是白手起家的百万富翁们的首选。也许是因为它们都是具有社交性和挑战性的运动，需要技巧和集中注意力。这些运动对提升一个人的决策技能很有效，并且也是创造个人成功的另一个重要定律。虽然人们在网球场上或高尔夫球场上不一定能谈成生意，但遵守道德准则和建立人际关系是这些运动重要的组成部分，也是创造个人成功必不可少的习惯。

倾 听

成功人士明白，学习的一种最佳途径就是倾听别人。无论是否同意对方的观点，他们都能学会从一个新的视角看问题。

每天学点新东西的三种方式

- 了解一下你身边的社交活动,看你对哪些最感兴趣,然后安排时间参与其中的一项或多项。你那天肯定会学到一些新东西。
- 下载或购买一本关于你感兴趣的领域的成功者的书,从那个人的成功与失败中学习经验教训。
- 多听少说,正如俗话说的:"你有两只耳朵和一张嘴。"

行动步骤: 安排时间参与一种你从来没涉足过的活动。

习惯 7

做事有条理

创富定律 15

成为一个极简主义者

很多人因为其拥有的财物而显得很富有。你是否也如此呢？如果你少买一些"东西"，你的资产净值是否会增加呢？

研究表明，人们会因感情用事或认为将来可能用得上而拥有某些物品。

特蕾莎·布洛克·科恩（Teresa Bullock Cohen）是一位持有执照的独立临床社会工作者，她说明了为什么人们那么难以丢弃某些物品："人们因为害怕失去而不肯丢弃物品。"[1] 她还指出：让大脑不做出决定比较容易，这也是人们不肯丢弃对自己已经毫无用处的物品的另一个原因。

然而，大多数白手起家的百万富翁不依赖于物质，并不会对购物产生执念。反之，他们具有的特质之一就是拥护极简主义。他们因信奉"质量重于数量原则"而保持着朴素的生活，并且认为"少就是多"。这也包括少为穿什么、买什么、去哪儿或吃什么等纠结。物质减少就意味着需要做的决定也减少了。

别傻到相信这些成功人士不懂享受。正相反，极简主义者在物质生活方面节省精力是为了做出能够影响他们人生的重大决定，而其他人更愿意把时间浪费在一周、一个月或一年后也没什么影响的生活琐事上。比如，极简主义者不会把时间浪费在思索穿着上。马克·扎克伯格、蒂姆·库克（Tim Cook）、沃伦·巴菲特（Warren Buffett）和杰夫·贝佐斯（Jeff Bezos）每天都穿着他们的制服：一件T恤衫加牛仔裤、一套西装或者一件开领短袖衫加休闲裤。少做决定有助于保持头脑清醒。

这些人生活简朴是为了更专注于他们认为重要的事：财务自由、良好的人际关系、和家人或朋友共度时光，以及他们热爱的事业。

你可能会质疑："成为一名极简主义者是否值得？"绝对值得，如果你想让自己的生活更简单的话。

成为极简主义者的五个好处

- 你会感到更有条理。"东西"少一些就能让你更加井然有序。
- 你能更清晰地思考。东西越少，你越不容易分心。

- 你会更节省时间，能更快地找到需要的东西。
- 你会更富有成效。去除不必要的"东西"，会让你专注于能改变自己或他人人生的决定。
- 由于更加整洁，你会感觉周围的环境更宽敞。这是一个非常简单易行的方法，不必多花钱就能获得更大的空间。

如果你准备尝试做一个极简主义者，那么你得先选出你认为生活中重要的100件东西，包括你穿的衣服、你的饰品、你的洗漱用品、你的厨房用品及你的科技用品等。把其他东西都收起来：你可以把不在你清单上的衣物用布盖起来，把用不到的洗漱用品放进盒子里，在卫生间和卧室找一个单独的抽屉放置你选择的洗漱用品，在厨房只使用一个橱柜，等等。（注意：家具、照片、汽车和自行车不算在你的100件物品清单中。）

准备好了吗？预备，开始。现在列出你的100件物品清单。

你在一个月内只使用清单上的物品，看看自己的生活会发生什么变化，看看你为穿什么可以少做多少决策，注意观察你因为周围更加整洁而在寻找东西上花的时间减少了多少。让你分心的东西少了，你就能更加清晰地思考了。

成为极简主义者的三个步骤

- 创造一种标准着装。其实我们大多数人每天穿的衣服都差不多。无论标准着装是一套西装、牛仔裤加 T 恤，还是其他上衣搭配黑色休闲裤或小黑裙，你都应尽量把自己的选择范围缩到最小。你可以在前面所述的 100 件物品清单中保留 10 ~ 20 件饰品，用它们来装饰你的服装。

- 列出你每日必需品的清单。我们大多数人都是习惯性的动物。你是不是总用一个杯子，喜欢用某一个盘子吃饭并使用相同的洗漱用品？通过列出这份清单，你可以缩小日用品的范围，并尽量减少你在罗列 100 件物品清单时的混乱与纠结。
- 不靠身外之物来定义你是谁。遵循这项指导原则，你将从一种完全不同的角度来看待身外之物。事实上，你将更不注重"物品"，而会更注重你的生活品质及你乐意与之在一起的人。

行动步骤：下个月就只用 100 件物品来生活。在那之后，你就会发现哪些东西你用不上，然后你可以把这些东西卖掉或送人。

创富定律 16

提前规划

很多人在生活中都是凭感觉度过每一天的。他们对日常生活中发生的情况随机做出反应，而不提前为每一天、每个月、每一年做出规划。

然而，成功人士不愿浪费时间。他们会提前为工作和生活中的时间做出规划——像提前计划采购那样详尽地规划自己的时间安排。

正如你可以从本书的52个创富定律中发现的那样，规划是这些白手起家的百万富翁成功的重要组成部分。他们会对时间做出规划，会提前计划要买的东西，并且会计划如何积累财富。他们都是计划大师。你可以把他们称为控制狂，但我把他们视为自己命运的主人。

提前做规划的人更有条理，他们更容易应对意外的情况。这正是因为他们人生的大部分事情都已经规划好了。

正如创富定律10中提到的，能够安排好时间的人也能够掌控自己的财务状况，因为他们善于提前规划。

为什么不测试一下你是否擅长提前规划呢？把你在过去24小时中做的事列出来，然后在你做的这些事旁边标明哪些是提前计划好的，哪些是临时起意的。你做的事有多少是计划中的，又有多少是应别人的要求去做的？如果你发现自己做的事中超过30%都是应别人的要求去做的，你就会意识到，如果能提前规划，你能做得比现在更好。

现在，规划一下你明天的时间安排。写出每个小时你打算做的私事和工作，别忘了留出休闲的时间和20%可以灵活安排的时间。

很多人会在新年时做此后一年的规划，但为什么要等到那时候呢？从今天开始，就把提前规划作为终生的习惯吧。

提前规划的四项策略

- 提前一个月为你的个人生活和职业生涯制订规划。你会惊讶地发现有条不紊会让人多么自由自在。在你的日程表中留出20%可以灵活安排和应别人的要求做事的时间。
- 要知道，你为今天做规划，正是在创造你自己的"明天"。
- 坚持按计划行事。按照你的计划做，你会为自己能完成那么多事感到吃惊。
- 在你的日程中安排出让自己放松身心的时间。

行动步骤： 为工作做计划，并按照计划工作。

习惯 8

提高效率

创富定律 17

建设团队

在本书采访的白手起家的百万富翁中，有 80% 创办了自己的企业。这些人会首先告诉你，他们取得个人成功的一个重要定律，就是找到那些具有必要的情商和专业技能的人参与他们的团队。他们也会强调，留住这些能人和找到他们同样重要。

本书采访的第八位白手起家的百万富翁布莱恩·王（Brian Wong）是一位组建团队的大师。他在领导团队的同时，也关注业务活动。这样他就能把更多精力用在经营他的移动广告公司 Kiip 上了。这一定是一种非常有效的技能，因为布莱恩在他 21 岁时就靠个人奋斗成了百万富翁。

你在创富定律 30 中将读到贾森·菲利普斯（Jason Phillips），他通过把员工培养为领导者而将他们留在菲利普斯家装公司（Phillips Home Improvements）。贾森强调，你在艰难时期尤其需要有一支团结一心的员工队伍。他建议，你可以通过运用DISC①这样的行为分析模型来找出合适的人加入你的公司。每个人的能力、特点都是不一样的。因为你需要一支其成员具有不同技能、性格特点和行为倾向的团队。

贾森还发现，建立一套文件化系统对于团队成员都清楚地理解自己的职责非常重要。他建议这套系统应该易懂、易学并容易复制。好的系统能帮助人们实现远大的目标。

除了督促员工提高效率，你还应该注重有效地管理和激励员工——这是建立一支高效团队的两个重要因素。像优秀的管理人员做的那样，布莱恩和贾森都经常接触团队成员，以便与他们保持密切的沟通。此外，他们都懂得运用行为改进方法，当他们看到或听到团队成员有效地处理好了客户投诉或打破常规及时快捷地完成了一项工作时，会对下属们大加褒奖。

白手起家的百万富翁们通过自己的行动及文件化系统来设置明确的期望。他们期待团队成员去做自己曾经做过的事情，由此一步步地建立起一支卓越的团队。

这些成功人士也证明了一个事实，那就是员工会像自己受到的待遇那样对待客户。他们明白，建设一支高效的团队就意味着花时间倾听成员们的意见，这样他们也同样会去倾听客户的意见。

---

① DISC是美国心理学家威廉·M.马斯顿博士（Dr. William M. Marston）研究出的一种分析人们性格行为倾向的理论。——译者注

建立一支卓越团队的四种方法

- 要知道，个体总和大于一个整体。这也意味着你要明白，一个组织有多优秀取决于每一个团队成员的表现。
- 保持沟通渠道畅通。让团队成员从一开始就知道，他们随时可以和你沟通。当员工做得不够好时，你要把这当作一个"教育时机"，巧妙地和员工进行沟通。
- 表扬员工"做得好"。如果团队得到肯定，他们就会更乐意和你共事。赞扬的作用是巨大的。
- 要把谈业务和做业务的职责区分开。要提醒你公司里的业务骨干把大部分工作时间用于开拓业务，而不是忙具体的业务。具体的业务工作应该分派给承担相应职责的团队成员。

行动步骤：花时间和精力带好团队，使他们成为领导者；培训他们并授权给他们。这样，你的生意会越做越大。

创富定律 18

授　权

你是事必躬亲还是大胆授权？成功人士都知道，巧妙的授权能够给自己腾出更多时间。除了授权者有更多时间去开发业务以外，赋予下属更多责任还能锻炼团队。

我曾经事无巨细、亲力亲为，直到我接到去世界各地培训美国运通（American Express）私人银行家的任务。这可是需要频繁出差的任务！由于身处不同的时区，还要整天培训，我和我的助理鲜有沟通，而她已经和我共事十年，对我的业务里里外外都很清楚。

在出差三周后回到公司时，我问她最近的业务情况怎么样。她自豪地告诉我她"搞定"了三单业务。我大为吃惊，问她："你怎么做到的？"她说："因为你不在，只留下我一个人！"

我很为她骄傲，同时也为自己低估了她承担更大责任的能力并且只让她做些行政工作而感到尴尬。我很快就不再事必躬亲了。从那天开始，我能干的助理负责跟进潜在客户并掌握了与他们进行业务合作的方法。

我自动学会了成为一名授权大师。你也可以做到！

授权对很多领导者来说是一个持续的挑战。伊莱·布罗德（Eli Broad）对此观点大为认同。这位创办了两家财富500强企业的美国人对于授权是这样说的："我发现不同级别的经理人都有一个最大的问题，就是不会授权。"[1]

劳拉·科兹洛夫斯基（Laura Kozlowski）是本书采访的第九位白手起家的百万富翁，她是美国最大的抵押贷款公司里业务最多的贷款员。她的创富定律是：学会给她的两个得力助手授权。授权是一种技能，然而劳拉是在意识到工作已经占据了她的全部生活之后才学会的。她认为她在此之前的生活是不平衡的。

劳拉解释说，有一天她睡醒了，意识到自己只有两只手。她的业务量在迅速增加，她的日程表上塞满了抵押贷款预约。她不知道自己该如何在维护已有客户关系的同时，抽出时间去紧紧抓住她努力争取来的新业务机会。

劳拉对我说，这种职业梦想的困境让她领会到授权的力量。虽然劳拉还不想对所有细节放弃控制权，但她已经意识到，如果自己想赚更多钱（特别是因为她靠收取佣金作为报酬），她必须重新设计自己的工作计划。

第一步就是充分信任她的助手，并把一些工作分派给他们去做。他们能够妥善处理贷款流程这类"内务性"工作，并因而成了劳拉成功的支柱力量。劳拉发现，授权之术不仅增加了团队成员的自主权，还让她作为一线人员有更多时间去开发更多业务。这使她在生活的各个方面都有更充沛的精力，更有热情。

劳拉授权出去的工作越多，她越注意对团队成员表示认可。在他们完成肩负的工作时，劳拉不仅会口头表扬，还有经济上的激励。劳拉的成功也成了他们的成功。人人都从授权的力量中获益。

劳拉在她 40 多岁时赚到了第一个一百万。

掌握授权之术的四个诀窍

- 要知道，任何你已经做了三次的事都要授权出去。不要亲自组织一场会议，而要分配给别人做；不要自己去制定会议日程，而要将其授权给一个团队成员。
- 要表彰承担项目工作的团队成员，这是他们应得的回报。一句贴心的话或展现出欣赏之情就能鼓励他们主动承担更多责任。
- 如果你发现一个团队成员在做你分配给他的工作时犯了错误，就让那个人"承担"这个错误的后果。无论你怎么做，都不要再承揽已经授权给下属的工作。是人就会时不时犯错误的。
- 掌握了授权之术以后，你一定要明智地利用多出来的时间。

行动步骤： 把你过去两天里所做的工作都写下来，看看你能把哪些工作确定无疑地分配给团队成员去做（假设有人可以为你分担工作）。

习惯 9

加倍努力

创富定律 19

承担适当的风险

此前在一间咖啡馆里撰写本书前几章时，我有时会和周围的人聊天，其中一次是和一个叫阿拜德·埃尔桑纳（Abed Elsamna）的人聊天。跟他聊了几分钟后，我就听出来他有潜力靠个人奋斗成为一名百万富翁。他找到了他所热爱的事业，富有创新精神，擅长与人交往，而且在得到肯定的答复之前锲而不舍（他花了几个月的时间说服他同在金融行业工作的妻子：辞去自己安稳的金融工作去创业是值得的）。最重要的是，他敢于冒着失败的风险去追求成功。虽然我之前并不认识他，但我马上就发现，这个 29 岁的小伙子已经掌握了 52 个创富定律中的好几个。

在过去几年中，他和他的创业伙伴哈桑·穆罕默德（Hassan

Mahmoud）把他们所有的空闲时间都用来为各种活动场所开发一个产品。他们的技术为这些举办活动的小型企业提供了一种新的方式，让他们在为客户策划婚礼或其他活动时提供一种具有时尚感和科技感的体验。在对产品进行了测试之后，阿拜德和哈桑已经准备好投入110%的时间去创办他们名为柬信技术公司（Invitext Technologies）的新企业。

这种场景正是白手起家的百万富翁们创业常见的启动路径。他们从一家成熟企业的员工开启职业生涯。一旦决定创业或者某一天失业了，他们就会跨出这重要的一步，开办自己的企业。

小企业管理局（SBA）的统计数据显示，只有66%的小型初创企业能存活两年，但这不会动摇未来的百万富翁们的信念。[1]事实上，他们都乐于接受挑战（定律32）。

很多靠个人奋斗的百万富翁就是这么起家的，至少本书中的第十位白手起家的百万富翁杰布·洛佩斯（Jeb Lopez）就是如此。杰布出生于菲律宾，长大后一直梦想到美国生活。杰布的父亲告诉他，如果有美国的学校接收他，就为他支付学费。杰布经过努力，最终被加州的一所大学录取了。毕业后，他在华盛顿找到了一份不错的IT（信息技术）工作。但是他很快发现，白领的生活并不适合他。

杰布辞了职，开始为非营利组织做志愿工作（在定律43中，你会看到杰布在"回馈社会"时所做的志愿工作对他的影响）。为了赚些外快，他还做了一份为汽车经销商配送零部件的临时工作。他发现汽车零部件配送服务有巨大的提升空间和赢利机会。

2011年,他用手里仅有的7 000美元创办了滚轮有限责任公司(Wheelz Up LLC),这家企业为华盛顿特区、弗吉尼亚州、马里兰州和得克萨斯州的汽车经销商及修理厂等机构配送汽车零部件。6年后,他的公司一年的营收额超过450万美元。

虽然本书随机选择的人中有16%是作为一家美国公司的员工成为百万富翁的,其中一位还是因为投资了一家成熟的企业而成为百万富翁的,但剩下的84%则选择创办自己的企业或收购其他企业。

你承担风险的能力怎么样?你设想自己的将来是在一家成熟企业里担任职位,还是你心中有创业的冲动,只是在等待时机?

承担适当风险的三种方式

- 先从承担比较小的风险开始训练自己。这样你就能为将来应对更大的风险或意外情况树立信心。
- 当你为承担风险做准备时,要提前规划。你要设想出可能发生的最好的情况和最糟的情况,并为这两种情况都准备好应对方案。如果你提前为未知的情况做好准备,那么你的抗风险能力将会提高。
- 要知道,为了在人生旅途中取得成功,你一定要承担某些风险。

行动步骤: 逼着自己走出舒适区,以便让自己为即将到来的适当的风险做好准备。

创富定律 20

把失败转变成机遇

你会从过去的失败中吸取教训还是重复犯同样的错误？

我们大多数人都会本能地从失败中吸取教训。这从你跨出人生第一步时就开始了。我们跨出的第一步往往不是走，更常见的是摇摇晃晃、跌跌撞撞甚至摔倒……然后爬起来再试。

我们从家人和朋友那里得到的鼓励是有是无，以及他们的内心力量是强是弱，决定了我们把失败转变成机遇的信心的多少。我们的内核，也就是我们对自己的信念，决定了我们会如何应对很多人所说的"失败"。

根据汤姆·科利所说，27%白手起家的百万富翁曾经在商业上挣扎或失败过至少一次。[2] Factretriever.com 网站通过调查发现，百万富翁们的平均破产次数至少为 3.5 次。[3]

很多人会从负面角度来看待失败。他们认为，事情没有按照他们的预期发展就是失败，最终会走入一条死胡同。他们放弃了自己的想法——也许放弃得太快了。

你把失败看作挫折还是"通向成功的道路"？正如你在本书的第一个定律中读到的，具有一种"百万富翁思维方式"对于创造个人成功是非常重要的。我还记得我在 30 岁出头时读到行为心理学家伊登·莱尔博士（Dr. Eden Ryl）的话时内心的震撼。她说：

"你要想成功，必须先经历失败……"[4]

你失败过吗？如果你说没有，那么我一点儿也不感到惊讶。我的问题在于：你为什么没能走出自己的舒适区呢？如果你告诉我，你申请的每份工作都成功了，那你要么是在撒谎，要么就是没有去申请足够有挑战性的工作——让你能够把自己的潜力发挥到最大限度。

如果你承认你经历过失败，那么我对你敢冒风险表示敬意。我对你的下一个问题是："你是如何把你的失败转变成机遇的？"

如果你将自己失败后就此放弃的理由归咎为别人、形势或经济情况，那你可真丢脸！记住，失败者才找借口，胜利者会从过去的经历中吸取教训并大步前行。以下两种常见情形正好说明了人们情愿留在自己的舒适区，而不敢冒失败的风险去获取更大的成功。

- 有的人在目前的工作岗位上干得很不顺心，可是又因为害怕找不到新工作而不愿改变现状。他们不愿意冒失败的风险去找一份可能更适合自己的工作。
- 人们常常保留一段不愉快的感情，而不是学习如何让这份感情更融洽。他们不知道，良好的感情不在于对方改变自己的习惯，而是从他们如何针对对方的习惯做出反应开始的。

把一次你认为的失败转变为机遇的五个步骤

- 分析哪些事你可以做得更好。

- 想明白你该如何改变自己的方法。
- 愿意接受他人的建议,尤其是那些曾实现过类似目标的人。请他们来说说,他们认为你怎么做会更好。
- 采取斯佳丽·奥哈拉(Scarlett O'Hara)[1]的方法,相信"上帝作证,我一定能做到"。坦然地面对失败,你实现目标的信念会更加强烈——从地上爬起来,拍掉身上的尘土,继续努力,一次又一次。
- 记住:你只要做对一次就能成功!

正如前文介绍过的百万富翁安迪·伊达尔戈所言:"如果你尝试后失败了,至少你获得了经验,但是如果你连尝试都不敢,那你永远不知道自己能有多优秀。失败不能阻碍你的雄心,因为你能处之泰然,并会不断寻找机遇,随机应变。"

行动步骤: 下次失败的时候,你就把它看作"通向成功的道路"。

创富定律 21
坚持不懈

当你阅读成功人士的经历时,他们在成功途中遇到的障碍往

---

[1] 斯佳丽·奥哈拉是小说《飘》的女主人公。——译者注

往很少会被提及。把这些人与其他人区别开来的恰恰是他们懂得如何处理"意外的情况"。普通人可能把意外情况视为"失利"而感到挫败，而成功人士则会建立一种"成功心态"——他们把挫折视作有待克服的障碍，换句话说，他们能坚持不懈。

成功人士不会轻易产生放弃的想法，他们的字典里没有失败这个词。在遭受挫折或意外情况时，他们会把时间和精力用于研究如何能够回到正轨上并最终实现目标。

本书采访的第十二位白手起家的百万富翁麦克·维特尔肯定生来就具有"坚韧"的特性。

作为一家总部在佛罗里达州代托纳比奇市名为汽车工场（The Car Factory）的公司的所有者和经营者，麦克以制造和销售一种概念独特的汽车为业。麦克解释说，使他和其他90%打算打造自己独特汽车的人不一样的是，他具有积极的心态和坚强的毅力。虽然其他人可能具有丰富的机械和汽车知识，但很多人在遇到意外的困难时，缺乏不屈不挠的精神坚持下去。

当我问麦克在困境中如何坚持不懈时，他用这段话来解释他的成功理念："我的想法是没有什么事是做不成的。当你陷入某种思维僵局的时候——总有这样的时候，你必须往前看。当我遇到障碍的时候，我会把大障碍分解成比较小的障碍去解决。"

麦克发现，当他遭遇意外障碍的挑战时，他会克服挑战，然后换一种应对方式并根据由此获得的成果来重新设定目标。麦克常常和别人分享经验，虽然他并不总能预见一个项目的发展方向，但当他朝目标努力时，方向就会自己显现。

人生中遇到障碍时坚持不懈的四个步骤

- 当你遇到一个障碍时，先把它的发生过程及原因记录下来。如果能这么做，将来你就更有可能避免这样的障碍。
- 再把可能的解决方案写出来，然后一个一个排出优先次序，找到能够最圆满地解决你目前面临的挑战的方案。
- 上网查查别人是怎么克服类似挑战的。你肯定不是第一个遇到这种问题的人！
- 最重要的是，保持积极的心态，这样的态度能使你有耐力**坚持不懈**。

行动步骤： 下一次当你的人生遇到意外的障碍时，你要坚持不懈地去克服！

习惯 10

培养高情商

创富定律 22
倾　听

你虽然已经学会了如何阅读,但是否真正学会了如何倾听呢?如果你曾经上过高效倾听的课程并把那些技能应用到实践中,那么我要向你致敬。你是一个例外。

大多数人不懂如何倾听,因为从来没有人教他们。也许这就是倾听能成为创造个人成功的第 22 个定律的原因。

倾听知易行难。这种技巧是一个区分性因素,它能把长了两只耳朵但从不认真听人讲话的商人与在别人说话时集中全部注意力的商务专业人士区分开。

智商高的人不见得就是个好的倾听者,反而是那些努力培养高情商的人比仅仅拥有高智商的人更有可能成为一个好的倾听者。

那么，为什么我们对于倾听这种沟通形式更难集中注意力呢？拉尔夫·G. 尼古拉斯（Ralph G. Nichols）和伦纳德·A. 史蒂文斯（Leonard A. Stevens）在 1957 年撰写的文章《倾听他人》（*Listening to People*）中解释了为什么那么多人在倾听方面面临挑战。

> 我们的思考速度快于讲话速度。大部分美国人的平均讲话频率是每分钟 125 单个词，而我们在脑海中想到词语的速度要高于每分钟 125 个。……在倾听时，我们是在要求大脑用与其性能相比极慢的速度接受词语。[1]

虽然从 1957 年至今，人类的沟通方式发生了重大的改变，但倾听的艺术却未见提高。事实上，如今我们身边充斥着众多干扰因素，倾听的艺术日渐式微。

四个倾听的技巧

- 注重当下。消除所有阻碍你把注意力100%放在说话人身上的干扰因素，包括各式各样可能会发出声音的电子产品，以便集中全部注意力。
- 让你的身体语言和表情都显示出你在倾听。也就是说，要与讲话的人进行眼神交流，直面那个人，不要交叉双臂，在恰当的时候用点头表示同意，等等。

- 等对方询问再发言。很多人只是想要被倾听，而不需要听众主动提供意见。倾听者只应在讲话者询问时再给出建议性意见。
- 复述对方的话。简要概括你听到对方说了什么，如果对方征求你的意见，你就给出建议。这样做不仅能澄清和强化你听到的内容，还能让你的建议更加有的放矢。

一旦掌握了这项技能，你我都能靠个人奋斗成为百万富翁，我对此有信心。你准备好了吗，预备，开始倾听吧！

行动步骤：在给出建议之前，你先复述自己听到对方说了什么。

创富定律 23

大胆请求

无论是请教不明白的事情还是求别人帮忙，成功人士都会毫不犹豫。他们会大胆提出请求！

我还记得自己曾阅读过马克·费希尔（Mark Fisher）的《发财的秘密》（*The Instant Millionaire*）一书，那是 25 年前了。截至目前，这本书我读了 50 遍（不开玩笑）。

我从这本书中学到的经验之一就是大胆提出要求。我可以给你举个具体的例子说明大胆请求确实有用。

从俄亥俄州立大学（Ohio State University）毕业后（密歇根的球迷们请不要因此不读此书，但是……加油，雄鹿队！[①]），我给六所为下一学年招聘西班牙语教师的高中发去了简历。简历发出一周后，我给每个学区的负责人办公室都打了电话，希望预约一下面试时间。

我清楚地记得打通其中一个电话时，行政助理告诉我她没有收到我的简历。由于她所在地区是我首选的学区，我最想去那儿工作，所以我询问那位行政助理，我是否可以重发简历并直接发到她的邮箱。令人欣喜的是，她同意了。

四天后，我又给那个学区的负责人办公室打电话。还是我的那位"新闺蜜"接电话，她说确实收到了我的简历，但是当时似乎已没必要为我安排面试，原因在于助理主管那时正在复试一位与我申请同一岗位的应聘者。

在那个时候，我意识到我没什么可失去的了，因此我恳求道："我一周前才搬到辛辛那提来，并选择了你们的学区作为我的工作首选地。我能不能冒昧地请你帮个忙？从门缝下面塞张纸条到正在复试的那个房间，纸条上写明请先不要把职位给现在的应聘者，一定要等到我和助理主管见面以后再决定人选。如果你能帮这个忙，那么我将不胜感激。"

我说完这番话到行政助理答话之间的五秒钟沉默，简直就是

[①] 雄鹿队是位于密歇根湖西岸密尔沃基的美国职业篮球联赛球队。——译者注

煎熬。她叹了口气，说会满足我的要求。我对她千恩万谢，并询问我是否可以在第二天打电话问助理主管面试我的时间。

两个小时后我的电话响了，这次是行政助理打过来的。她告诉我第二天早上 8 点准时到他们学区办公室去。

我第二天一早 7 点 45 分就到了，还带了一盒歌帝梵（Godiva）巧克力给我的"新闺蜜"。而且，在我和助理主管见面、了解了关于职位的情况并说明了为什么我想成为这个学区的一员之后，我得到了这份工作。我在那儿度过了我职业生涯的前六年。所以，大胆请求确实有用！

鼓起勇气提出请求的三个窍门

- 站在你向其寻求帮助的人的角度思考问题。如果你自己会毫不犹豫地帮助提出同样请求的人，那你还等什么？去提出请求吧！
- 传递爱心。主动帮助别人，不求回报。接受你的好意的人会心存感激。当你向他们求助时，他们会更乐意帮你。
- 要做到在生活中"别人欠你的"比"你欠别人的"更多。你如果能慷慨地帮助别人，需要帮助时就更有信心向别人开口。

行动步骤： 遵守 21 世纪"己所不欲，勿施于人"的白金法则。你若能这么做，那么在需要帮助时，就更有可能得到帮助。

创富定律 24

让爱传递

几年前，我在纽约中城区漫步时，低头发现地上有一卷钱。很显然，这是从某个人衣兜里掉出来的。

我把钱捡起来，环视四周，看附近有没有行人循着自己的足迹找寻已到我手里的这笔钱。但我目力所及之处没有这样的人。我毫不犹豫地叫住了下一个经过的人，说："打扰一下，你想传递爱心吗？"那个人回答："我当然想。"于是我把那卷钱递给他，并且解释说这是我几分钟前从地上捡的，我想把爱心传递出去。直到今天，我也不知道那些钱是变成了 10 美元还是 10 000 美元。我知道的就是，我不应该把钱据为己有，而是应该把爱心传递出去。

按大多数人的理解，"传递爱心"这种说法的潜台词是善举的回报是给予别人的，而非给予最初做好事的那个人。但是，很少有人知道这个词是怎么来的。罗伯特·A.海因莱因（Robert A. Heinlein）1951 年写了一本名为《行星之间》（*Between Planets*）的书，2000 年被拍成了一部名为《让爱传出去》（*Pay it Forward*）的电影。它讲的是，老师给一个男孩布置了一项关于如何改变世界的作业。于是，这个学生提出了一个"让爱传出去"的原则，意在建立一种把好意和爱心传递到全世界的连锁反应。

这个"让爱传出去"的原则以前是、以后也将成为你的创富定律之一。这种无私的行为是本书采访的白手起家的百万富翁们的一个普遍特点。他们表示自己不仅通过给别人金钱来"传递爱心",而且会以贡献自己时间的方式去"传递爱心"。而他们为此得到的回报也是一致的:善待他人本身就是其获得的回报。

事实上,本书采访的第十一位白手起家的百万富翁贾森·菲利普斯在 30 多岁时就因传递爱心而取得了成功。他在美国商界极具道德影响力,是得克萨斯州普莱诺市菲利普斯家装公司的所有人。他见证了传递爱心的好处。用他的话说,这样做的额外好处是"当见到自己让别人的生活更美好时,我们的生活也更美好了"。

当我问贾森他和他的家人如何传递爱心时,他说出了以下这几个付出了时间和金钱的无私举动。

- "有一年,我发现很多孩子因父亲缺乏作为榜样的作用而需要接受指导。于是我每周都抽出一天的时间放下工作,去教他们武术,帮助他们塑造性格。我并不知道他们后来如何了,但这也没关系。我只是真诚地融入他们的生活,就像很多人融入我的生活一样。随之而来的是,我也得到了激励,虽然那一年我每周只工作四天,但是,上帝保佑我们的业务有了指数级增长。"
- "我们停下来,帮助路边的一位陌生人。"
- "我们前边是一位购物车里塞满了婴儿食品和尿布的男人,在结账时,他的借记卡不能用了。我们帮他付了账。"

- "经人提醒,我们给我们常去的那家快餐店的免下车窗口的一位女工作人员送了一份圣诞节礼物,她高兴极了。"

如你所见,你可以通过各种方式给予他人帮助而传递爱心。这份爱心可以小到一个微笑,可以是把泊位让给同时发现这个位置的人,可以是单纯地为陌生人付一次餐费,甚至也可以是不求回报地为一个学生支付学费。无论事情大小,重要的是做好事不求回报。

贾森坚定不移地信奉要持续不断地播撒善的种子。他认为,他成功的基础就在于"种瓜得瓜"的思想。他说,让爱传递意味着在别人的目光不及之处也要做正确的事。

你上一次"让爱传递"是什么时候?以下是一些你可以让这个世界更加美好的方式。

让爱传递的三个简单方式

- 当驾车行进在车流中时,你允许旁边的车插到你前面。
- 夸奖同事出色地完成了一项工作,而不期待任何回报。
- 你坐飞机若被升舱,那么告诉空乘你愿意匿名把新座位让给一位经济舱的乘客。这就是在传递爱心!

行动步骤: 在下次有机会的时候,你不妨也把爱传出去!除了让他人愉悦,你自己也会获得"NACHAS"(意第绪语中所说的内心的幸福感)。

习惯 11

滋养身心

创富定律 25

为健康而运动

根据美国疾控中心的数据，只有 1/5 的美国成年人的整体运动量达到了国家建议的水平，1/2 达到了建议的有氧运动量，1/3 达到了建议的肌肉训练量。[1] 追求健康、快乐和高效的生活的人，都会把定期运动作为每周日程的一部分。成功人士更加注意经常做运动。

你如果不喜欢运动，那么请对此三思。我承认，我和 2/3 的美国人一样，没有定期运动的习惯，直到我动笔写这本书。让我现在能一周运动 5 次、一次运动 30 分钟的动力就是，我了解到身体素质和脑力具有直接的联系。哈佛医学院的精神病学专家、《运动改造大脑》(*Spark*：*The Revolutionary New Science of Exercise and the Brain*）一书的作者约翰·J.瑞迪（John J. Ratey）发现，即使只运动10分钟，它也能改变你的大脑。[2]

罗杰·德罗斯除了是本书介绍的第十三位白手起家的百万富翁外，还是凯斯勒基金会（Kessler Foundation）的CEO，他告诉我他发现体育运动让其身体素质和职业生涯终身受益。事实上，体育运动成了罗杰的日常习惯。

他从小学阶段就开始参加足球、篮球、跑步和棒球运动。在高中，他仍然活跃在这些团队运动中。然而，罗杰上大学以后，除了学习就是打工，没有时间参加团队运动。但他没有放弃日常生活中的体育运动，仍坚持每天锻炼身体。

罗杰的经历证实了瑞迪博士的发现。罗杰发现体育运动的好处远远不止让人保持匀称的身材，还有助于提高他的睡眠质量，让他精力充沛，以便他在应对压力时保持头脑清醒——让他能够更好地规划第二天的事情。罗杰甚至发现，在健身房运动60～90分钟，不仅能持续帮助他制定和实现目标，还能让他更有效地安排时间。

罗杰认为大多数成功人士会在肉体上和精神上努力进取，这也是为什么他们中很多人习惯通过定期运动来磨炼意志。运动使他们身体更强壮，同时提升了大脑灵敏度。罗杰就是一个活生生的例子。有证据表明，一个人能够从情绪、记忆和学习方面为大脑所做的一项最佳投资就是运动。

把运动变成生活习惯的三个方法

- 每天安排至少 30 分钟的固定运动时间。
- 你如果要外出工作，那么应在前一天晚上就把运动服装放进运动包里。如果你住的地方有健身房，就专门腾出一个抽屉或衣柜的一格来放运动服装。
- 无论你的锻炼是慢跑还是游泳，去健身房还是在自己家运动，都要坚持！我以亲身经历告诉你，你一定会感到身心焕发活力！

行动步骤：让运动成为你每周日程的一部分。

创富定律 26

花时间思考

你每周花多长时间思考？我说的是，真正跳出嘈杂的日常生活的包围，专心思考。

我遇到第一个"专门"花时间思考的人是约翰·皮尔斯——我的会计 1992 年推荐给我的投资顾问。那时，我和他都不知道，26 年后他会是我这本书采访的第十四位白手起家的百万富翁。在谈业务之前，我问约翰哪个习惯帮助他获得成功。他的回答让我铭记至今："我想办法放下琐事，专心思考。我周末会躲开世事，陷入沉思。"

我没想到这样一位正在艰难攀爬成功阶梯的典型男士会做出如此的回答。他真的会为了"专心思考"而花时间脱离快节奏的生活吗？

那天晚上，在下班后独自开车回家的路上，我又想起了约翰的话。我虽然从未正式花时间去思考，但意识到，我的确在人生中有那么几次体会到了他说的意思。

我洗澡时曾体会过。当时，我想出了自己思索良久的问题的解决方案。我以为那种"茅塞顿开"只是出于偶然，其实并不是。那是因为我独自处于一种平静、不慌不忙的环境，也没有受到其他打扰。虽然我没意识到，但那时我除了清洗自己的身体，还无意中制造出一种能够同时清理自己的思绪并留出空间"思考"的环境。

花时间思考从来不会太早，也不会太晚。老比尔·盖茨（Bill Gates）在《盖茨是这样培养的》（*Showing Up for Life*）一书中，描绘了他发现自己9岁的儿子比尔·盖茨三世花时间思考的一个时刻。那时，比尔·盖茨三世的父母和兄弟姐妹正在车里等他从房子里出来。当他终于出来时，他的妈妈问他："比尔，你去哪儿了？"他答道："妈妈，我在思考。你们都不思考吗？"[3]

找时间思考肯定有效，对于亿万富翁比尔·盖茨就屡见成效。这对约翰·皮尔斯也有效，他现在已经是一位白手起家的百万富翁了。

这对你也有效。在生活中安排时间"思考"吧。

安排时间思考的三个好处

- 你将为大脑充电，让你能更从容地战胜这一天的挑战。
- 你可能会想出思索已久的解决方案。
- 花时间聆听自己的心声后，你可能成为一个更好的倾听者。

行动步骤： 为自己每天定一段时间来思考。如果你像我一样每天处理很多事情，那就在洗澡时多花五分钟来思考。

习惯 12

与志同道合的人相伴

创富定律 27

与你想要成为的人交往

我们都会做出一些对自己的人生产生重大影响的抉择，其中之一就是选择和谁一起度过大部分时光。

大多数人依据职场中的同事、共同的兴趣和血缘关系随机选择陪伴自己的人。然而，志在成功的人士却采用另外一种标准。他们会刻意与自己渴望成为的那种人结交。

《穷爸爸，富爸爸》(*Rich Dad Poor Dad*)系列图书的作者罗伯特·清崎（Robert Kiyosaki）说过："你花最多时间与之相处的四个人就是将来你会成为的人。"[1] 他的话绝对符合事实。你就是你所处的环境及你与之相处时间最多的人的产物。那些人的行为、信念和思维方式会影响你的志向，以及你未来的个人成长和职业生涯。

在追求成功之时，白手起家的百万富翁们会有意识地选择他们认为会产生积极影响的人相伴。一旦找到了这样的人，他们就会请这些人指导他们；如果还没找到这样"有影响力的人"，那么他们也不会降低标准去结交身边形形色色的所谓"影响者"，而是去阅读关于那些他们渴望成为的且具有坚定信念、坚强信心以及出众能力的成功人士的书籍。

本书采访的第十五位白手起家的百万富翁布鲁斯·辛德勒（Bruce Schindler），就是一个身边围绕着自己想成为的人的活生生的例子。在穷困的环境中长大的布普斯，在很小的时候就敏锐地发现他家以外的人生活富足，没有毒瘾和恶习，也没有穷人才会领取的食品券。

当他和他朋友的家人在一起时，这种别样的生活促使他努力进取，摆脱实际的和精神上的贫困。像很多人一样，布鲁斯知道他想要过上更好的生活，只是还不知道怎样做才能实现这个目标。

布鲁斯表示：他的初中老师是他遇到的第一个影响者。那个老师曾经给过他这样的建议："你可以选择你的朋友，因此一定要仔细选择。选择那些你钦佩的人做朋友。"虽然大多数人都与布鲁斯家不属于同一个社会阶层，但他还是特意与那些比他的生活优越很多的人为伍。结果，这些人给了他一种方向感，从而激发了他的进取心。布鲁斯接触到的这些人的生活和价值观，也有助于他更加清楚自己想要过什么样的生活。

大学毕业后，布鲁斯 1993 年搬到阿拉斯加斯卡圭（Skagway）。他很快就找到了自己的兴趣：追逐猛犸象（chasingmammoths.com）。他成立了辛德勒雕刻公司（Schindler Carving），负责雕琢和修复埋在地下超过 35 000 年的象牙化石。布鲁斯在 35 岁时成为一位白手起家的百万富翁，现在也是能够影响他人的人了。

与你想成为的人相伴的四个方法

- 为自己制定一张成功路线图。写下你获得成功需要采取的步骤。
- 去寻找那些已经实现类似目标的人。在网上查找，同时也在你身边寻找。他们可能比你以为的更容易找到。
- 一旦找到了这些人，无论是见到本人，还是阅读他们的传记，你都要记录下他们为获得成功做了哪些事，然后学习他们所具有的技能并将其融入你的成功之旅。
- 一定要在生活中实践创富定律 24（让爱传递）。作为循环规律的结果，有影响力的人会自动在你的生活中"现身"。

行动步骤： 重新评估一下你与之相处时间最多的人。

创富定律 28

找到一位智囊团顾问

在我 30 多岁时，有人介绍我读一读拿破仑·希尔（Napoleon Hill）的《思考致富》（*Think and Grow Rich*）一书。在读那本书时，我遇到了一个我认为很神奇的词：智囊团顾问。过去几十年中，我在为自己的咨询业务招聘顾问时，这个词始终萦绕在我的脑海里。

在本书采访的 30 位白手起家的百万富翁中，其中一些人提到了"智囊团"这个词。因此"找到一位智囊团顾问"被选为第 28 个创富定律。

你可能好奇这个词最初是怎么被创造出来的。《纽约时报》（*New York Times*）的一位记者詹姆斯·基兰（James Kieran）首创的"智囊团"一词，是指代在 1932 年协助富兰克林·D. 罗斯福（Franklin D. Roosevelt）竞选总统的那群足智多谋的顾问。[2]

智囊团指的是，为某个具体目标的实现提供策略或为应对某种挑战提供建议的一群人。显然，富兰克林·D. 罗斯福选得很对。在他的"智囊团"顾问组的建议下，他成功当选为美国第 32 任总统。就任总统后，罗斯福仍然保留了"智囊团"并让他们帮助自己制定 1933—1936 年的新政（New Deal）。

如果你是一家公司的雇员，那么公司可能会指派一个人带你。如果没有，你就要主动请一位至少比你专业水平高一级的老员工做你的导师。

你如果是一个小型企业主或打算创办一家企业，就要根据你的短期和长期企业目标精心挑选一名或几名智囊团顾问。你要选一位曾经实现过类似目标的人，即使他从事的行业与你的完全不同也没关系。

本书采访的第十六位白手起家的百万富翁查克·切卡雷利（Chuck Ceccarelli）是一种侧边牵拉装置的发明者，也是沟渠拖车公司（In the Ditch Towing）的创始人。他说："一家公司如果没有智囊团为其提供意见和建议，就不可能成功。个人也是如此。"

智囊团顾问可能以多种形式出现。最常用的专业咨询人员或被称为智囊团顾问的例子就是会计师、律师、养老金托管人和董事会成员。而个人的智囊团顾问往往就是家庭成员、朋友，以及你会因其以往的专业经历而有意无意去请教的人。无论哪种情况，这些智囊团顾问都会根据他们的成功经验给出中肯的建议。而正努力奋斗成为百万富翁的人会视合适与否采纳（或不采纳）这些智囊团顾问的建议。

你要知道，根据需求的变化，你的智囊团顾问也会不同。但是，有些顾问会始终在这个团队中，比如：

- 本书中的第一位白手起家的百万富翁艾伦·S在创富定律3（找到你所热衷的事物）中提到，他的职业生涯中有超过13位智囊团顾问。这些人包括教过他、给过他建议及鼓励他成为一名专业小提琴手的老师。根据他在16年间演奏水平的进步，他的顾问也发生了变化。

- 你在创富定律 27（与你想要成为的人交往）中读到过的布鲁斯·辛德勒找到了他的初中老师做他的智囊团顾问。30 年后，这位老师不仅是他信赖的朋友，而且仍然是他个人智囊团的重要成员。

在选择智囊团顾问或导师时，你应该考虑自己想要达成的目标。重要的是，要根据你不断变化的需求及所需要的个人专长，重新审视你对智囊团顾问的选择并更换或增加顾问。

我可以给你讲一个我更换智囊团顾问的事例。1992 年，在我开始发展美国本土的咨询业务 5 年后，我的公司接到了两个来自中国台湾的人的请求。他们想要购买营业执照，以便给台湾的专业人士副本——我们公司也为美国专业服务业人员提供这种副本。

由于我以前没发现这个机会，所以那一刻我把这看作我业务增长的巨大潜在机会。因为当时我的智囊团顾问的业务范围仅限于美国国内，所以我就去寻求总部位于华盛顿特区的国际特许经营委员会（International Franchise Council）的帮助。幸亏有这个绝妙的组织，我找到了一位与国外客户和美国公司同时发展过业务的智囊团顾问。

无论你是一位处在公司环境中的"内部创业者"（intrapreneur），还是一位已准备好自己创建并发展企业的"外部创业者"（entrepreneur），都要记得找到一位或几位智囊团顾问。如果你足够幸运，你所在的企业为你提供了导师或顾问，那么我祝贺你。你可以确立自己的目标，然后听取他们的建议，努力去实现目标。

选择智囊团顾问的四个窍门

- 确定你想达成的目标——有助于你明确应该请哪些人加入你的智囊团。
- 开始的时候，你可以向你选定的一个或几个潜在的智囊团顾问发送一封正式的信件或电子邮件。信中介绍你的公司并说明你为什么想请他（们）成为你的智囊团顾问及做顾问的频次（每个季度一次），最好选择一个便利的地点和他（们）会面。
- 一旦对方同意了，你就发送一封感谢信并附上你建议的会面日期。在智囊团顾问会议日期前一个月，写邮件讲述你希望寻求建议的具体问题是什么。
- 每次会见智囊团顾问后，你都要发送一份会后纪要，详细说明你在会议上的收获。同时，你还要解释你打算如何实施这些建议。在之后的会议上，你要告知大家，根据智囊团顾问的建议，你取得了哪些成果。

行动步骤： 确定你的目标，然后认真思考并选择那些能够给你必要建议且能帮你实现目标的智囊团顾问。

习惯 13

良好的人生观

创富定律 29

保持乐观

在面临意外的厄运与阴霾时，你的反应是表现得非常消极，还是乐观地觉得无论如何"都会有一线生机"？白手起家的百万富翁们的共性之一就是无论情况多么危急，他们总能保持乐观。

保持乐观是一种有意为之的选择。这彰显了一种态度。

消极的人往往认为不利的情况无法破解。然而，那些具有积极态度的人会从另一个角度看待同样紧迫的情形，他们会思索如何处理这种情境的备选方案，而不是为之闷闷不乐。

积极的人是"接受挑战者"，而消极的人把紧迫的情形看作"问题"。乐观比悲观耗费的能量更少。

白手起家的百万富翁们绝对都是乐观的人，也许这就是为什么他们能够创造个人成功。无论情况多么艰难，他们都会从"为什么这事发生在我身上"的情绪中振作起来并专注于事情美好的一面。

虽然要想成为百万富翁，我还有五个定律需要掌握，但"保持乐观"绝对是我的天性之一。事实上，我如此没心没肺，以至这种乐观精神常常会惹恼别人。

我特别记得有两次我的乐观情绪让自己都惊讶了。

事例一

我一直想把开了9年的车换掉，但是还没下定决心卖了它买辆新的。有一天，我开车送我的孩子们去踢足球，另一辆车撞了我们的车。孩子们都没受伤，另一辆车里的人也没事，不过，我因为头撞在挡风玻璃上被送到了医院。当我在急诊室里等待X光片结果时，正在填写事故报告的警察走进来，告诉我我的车被撞毁了。我没有难过，反而问他："赔的钱够买一辆宝马（BMW）吗？"他惊讶地问道："女士，你是不是被撞傻了？"我答道："可能吧。他们正在检查我有没有脑震荡。"那位警察如果知道后来发生的事，应该会感到震惊：一周后，我真有了一辆红色宝马。我自己都难以置信！

事例二

我还清楚地记得另一件保持乐观并收到成效的事。那是在我这家已经有31年历史的咨询公司成立刚9个月的时候。我的三位隐秘合伙人——共占公司50%的股份——通知我他们打算"退股"。他们觉得公司赚钱不够快，因此提出散伙。我本可以对他们大发雷霆，然而我把他们"打算退出"看作一次机遇。

我和一位律师朋友讨论了此事。我们想到的解决方案是由我买入那三位合伙人的股份，并在两年期内还清他们投入的资金。在签订了一份"双赢"的协议之后，我意识到他们想要退出企业其实是一件好事，因为在企业业务增长期间，回报一个人比回报四个人要更容易。

保持乐观收到了成效。3个月后，在花了9个月时间筹备一个专栏之后，甘尼特（Gannet）公司[①]的一份报纸选中我撰写每周专栏。两个月后，我搞定了一单20 000美元的业务。更让人欣喜的是，我和我的三位前合伙人之间并未因此而产生芥蒂，而且我在两年后雇用他们成为独立承包人。

在2014年8月，《企业》（*Inc.*）杂志"生产力"版的特约编辑杰弗里·詹姆斯（Geoffrey James）解释道，你的态度会决定并限制你成功的程度。"如果你具有积极向上的心态，你至少能够获得一定程度的成功，可能谈不上非常成功。如果你抱着消极的态度，就会把障碍看作威胁和烦扰；如果你具有乐观的态度，就会把障碍看作有意思的事甚至是一种乐趣。"[1]

---

① 甘尼特公司是美国最大的报业连锁集团。——译者注

我问过本书采访的第十七位白手起家的百万富翁史蒂夫·亨布尔，乐观的态度为他的人生带来了哪些改变。他解释说，在顺境时乐观很容易，然而，在逆境时还能保持乐观就非常可贵了。

史蒂夫说，在2008年金融危机时，保持乐观态度绝对不易。那次危机对他的创意家居工程公司（Creative Home Engineering）来说十分艰难。事实上，有一段时间，他都不确定自己的企业是否能够存活下来。显然，史蒂夫肯定不喜欢这种异常紧迫艰难的困境——不仅要养家还要养员工的重担让人崩溃。

然而，在前景最为黯淡的时候，史蒂夫提醒自己要始终完全坦诚地对待客户（尽管有很多机会可以欺瞒客户），而且他知道自己已经尽力了。即使山穷水尽，他仍然能够保持自己的诚信和声誉，他很珍视这点。这份乐观的希望之光使他的思维方式转向一种更加"大无畏"的态度，帮助他走出困境，获得成功。

史蒂夫·亨布尔还指出，一种乐观的工作氛围十分重要。在2004年创办创意家居工程公司时，他的目标之一就是营造一种乐观的工作氛围。他侧重于雇用自己想要将其留在身边的人，而不是那些简历最耀眼的人。这让他能够吸引到那些同样看重乐观精神和愉快工作氛围的人。

正如你看到的，保持乐观是值得的。当史蒂夫所描述的那种意外情况出现时，保持乐观非常有助于转危为安。

保持乐观的三个步骤

- 当面临不利的情况时,你要评估这种情况的凶险程度以及为什么会发生。如果它是因为你自己的问题而发生的,你就应该把它看作一次学习的机会。
- 把你的感受告诉某个人——一个乐观的人,也就是乐意倾听而不是告诉你"要是怎样,应该怎样,可能怎样"的人。你如果有可以排解这种感受的人,往往更容易战胜困境。
- 不要把你的火气撒到别人头上。你不应指责别人,而应勇敢向前,保持乐观。

行动步骤: 用一周的时间关注你的措辞。每当发现自己在口头或笔头使用了一个消极的词时,你就用一个积极的词来重说或重写一遍。

创富定律 30

保持快乐

在英国《观察家报》(*Observer*)2015 年 7 月 6 日发表的一篇文章中,组织心理学家本杰明·哈迪(Benjamin Hardy)写道:"只有 1/3 的美国人认为自己很快乐。"[2] 那么,快乐究竟是一种轻易能学到的生活技能,还是一种天生的品质?

我坚信快乐在这两个方面兼而有之！我可以确定的是，保持快乐是一种思维方式，是一种选择，也是你让自己对事物做出反应的一种方式。

例如，虽然对所处的环境做出反应只是一种"人性"，但快乐的人有信心不让其他人或环境对他们的情绪产生不良影响。对自己满意的人对他人也有一种积极的作用。事实上，你如果看过电影《马戏之王》（*The Greatest Showman*），就可能还记得 P. T. 巴纳姆（P. T. Barnum）说过："世界上最高贵的艺术就是让别人快乐。"一个快乐者的积极情绪是有感染力的，会让别人愿意与他们为伴。

另外，"不快乐"的人常常认为是别的人或情境使他们感到难过、气愤和消极。他们没有意识到的是，不快乐其实源于他们选择如何对待自己所面临的情境，而不是情境本身。

职场的一个典型事例就是，一位经理会建议他的团队成员换一种工作方法，而不是固执地采用一种工作方法。这位员工如果认为经理不喜欢他的工作方法，就可能感到不快。然而，要是这位员工能学会从专业角度接受经理的建设性意见，而不是认为上级在针对某个人，那么在工作场合就不会出现那种不快的情绪。

本书采访的第十八位白手起家的百万富翁扎卡里·伯克（Zachary Berk）博士就拥有首席快乐官（Chief Happiness Officer）的头衔，他相信快乐确实是可以学会的。这也是他在 2014 年创办乐司公司（HappCo）的一个初衷。这家创新软件公司把科技、数据和服务结合起来，帮助公司了解其员工是否快乐和投入。

伯克博士认为人才和人的潜能是一家公司成功最重要的资产。他还发现，公司的经理如果知道他们的员工何时快乐或何时不快乐，就能更好地进行管理。

他的公司提供一种工具来帮助企业和企业主了解员工的快乐商数。通过这些商数，员工可以让自己的工作变得更加高效，感到更加快乐并乐于做出更大的贡献。伯克博士已经发现，这最终会改善一家公司的积极影响力，并从根本上改善公司的本质。

伯克博士和他的团队发现，在购买了乐司公司一系列有趣的工具和评估系统后，企业能够了解其员工是否感觉良好。虽然每位员工的反馈都是匿名的，但这些反馈会让公司了解他们的快乐和投入程度。员工还会通过一个"每日快乐追踪器"为公司提供日常的快乐数据。

四个方法分析你是一个多快乐的人

- 写出上一次你认为自己"快乐"是什么时候。当时你生活中发生了什么让你产生了这种情绪？
- 写出上一次你不快乐是什么时候。是什么造成不快乐？你又是如何排解那种感受的？
- 写出让你感到最快乐的三次体验。你不妨在本周安排时间再参与一次或几次那样的活动。
- 写出让你感到最不快乐的情境。你要尽可能一步一步地从你的生活中消除这种情境，直到你不再有那些体验。

行动步骤： 你从今天开始就对三个人微笑。这样做除了让他们感到愉快，你还可能收获额外的好处：回报给你的微笑。

创富定律 31

保持动力

让你每天早上起床的动力是什么？是你那发出刺耳声的闹钟吗？是等着你喝的那杯咖啡吗？是指望你准备早餐的孩子们吗？还是你热爱的工作或已经定好的约会？

促使你每天行动起来并让你兴奋的东西叫作动机，这是一种引导你行动的力量。词典里对动机的解释是，让一个人按照某种方式行动的原因。

在刚刚开展咨询业务时，我发现人们会通过两种方式获得激励：通过"胡萝卜效应"（carrot effect）或通过"KITA 效应"（KITA effect）。如果你对这些行为改变模式还不熟悉，我来给你解释一下。

"胡萝卜效应"是指你因为一开始就知道完成一项活动会获得正向的激励而去做成这件事。比如，如果你的工作以小时数计酬，那么加班会赚更多的钱；或者，如果你提前几个月预订机票，那么价格可能比你在出发日前两天才订票要便宜——省钱就是提早预订机票的动机。

而动机量表的另一端就是很多人所知的"KITA 效应"。这个字母词的意思就是"踢尾巴法"（kick in the tail approach）。

有些人发现恐惧是一个很好的动机。比如，世界知名的美国网球运动员塞雷娜·威廉姆斯（Serena Williams）就曾经说过："输球让我更有动力把球打好。"[3]

与保持动力相比，究竟是什么激励你去做某件事真的没那么重要。成功人士普遍具有的一个品质就是实现目标的动力。能够激励一个人的众多因素之一就是设定具体的目标。这些人的专一性就是帮助他们朝着自己的目标努力的动机之一。为了在努力实现目标时保持动力而不被困难击倒，成功人士会把需要做的事分解为较小的单元。这样做的话，大多数人都会发现一步一步地完成项目的一部分更容易让自己保持动力，而不会轻易产生放弃的念头。

渴望成功的人往往容易失去动力，而没能完成他们开始做的事。要是他们能够把一项宏大的事业分解成较小的组成部分，并允许自己每次只获得小小的成功，那么他们最终得到的结果将会非比寻常。

你是怎样的？你怎么让自己保持动力？你是否在开始着手一项宏大的事业前先把它分解成较小的部分？当遇到障碍时，你如何避免产生放弃的念头？能够坚持不懈完成目标的人，总能找到方法让自己始终保持动力，直到终点。

比如，既然你仍然在读这本书，我敢打赌你的目标之一就是成为一位白手起家的百万富翁。如果是这样，要是你能明确写出你希望的最终结果是什么，而不是一下子同时实施这 52 个创富定律，那么你的成功率会更高，你也更容易保持动力。然后，你再计划出打算为实施每个定律具体花多长时间。

一旦你确定你已经把 52 个创富定律之一变成自己的工作方法了，你就会有动力去采用下一个创富定律的做法。正如一句西班牙谚语所说："一步一个脚印，你能走得很远"（Poco a poco-se va lejos）。

保持动力的四个方法

- 通过明确你想达成的目标，在脑海中从最终结果开始行动。
- 对自己负责，把想要实现的目标写出来。
- 把你的目标分解成较小的部分，并写出你计划达成每个部分目标的具体期限。
- 你每次成功完成一部分任务时就奖励自己一下，这样能让你保持动力去继续自己的事业。

行动步骤： 明确你的人生到底想要什么，然后确定你将如何激励自己使之变为现实。

习惯 14

做事主动

创富定律 32

挑战自我

你准备好去尽力发挥你的全部潜能了吗？既然你现在已经读了本书的大半部分内容，我希望你已经做好心理准备并竭力把这 52 个创富定律用在创造个人成功的实践中。请原谅我这么早就下此结论，不过有你加入这段旅程让我十分激动。

继续进入创富定律 32。让我们从弄清楚"挑战"这个词的准确定义开始吧。

根据《剑桥词典》(Cambridge Dictionary)，这个词的意思为"需要强大的脑力或体力才能成功实现的事物"。我敢肯定，在你的人生中肯定不乏挑战。你过去曾面临过的挑战，无疑将有助你更好地掌握创富定律 32。

本书采访的每个人都曾为了成为白手起家的百万富翁而努力解决面临的挑战，我来说几个。

- 艾伦·S的挑战是他第一次为纽约爱乐乐团的小提琴手职位试奏时没有通过考核。很多人可能认为这是一次失败，就此放弃，然而艾伦恰恰相反。在接下来的两年里，他挑战自我，在又一次去参加这个世界知名交响乐团的试奏前认真提升自己的演奏水平。在后来坐上该乐团小提琴手的座位时，他发现当初逼着自己接受挑战是值得的。
- 萨里安·布马在最低谷时连给自己的新生宝宝买牛奶的食品券都不够。她没有自暴自弃，而是挑战自我，走向了一条创造更好生活的路，而且她做到了。在学会了市场业务技能并找到工作后，她创办了自己的企业。她教会自己手下两百多名员工挑战自我，从而掌控自己的人生。
- 接下来是尼克·科瓦切维奇。在我看来，这位企业家似乎从出生那天起就在挑战自我。除了以优异成绩从西南浸会大学（Southwest Baptist University）毕业并成为全国排名靠前的男子篮球队队长外，尼克还早在27岁时就成了一名白手起家的百万富翁。这位在新兴的合法大麻行业中的成功开拓者分享道，他会根据摆在面前的机会——或者更合适的说法是他创造的机会——来提高他的目标，不断挑战自我。尼克目前挑战自我的最佳例证就是他为自己的库什瓶公司（Kush

Bottles）设定了下一个目标：实现100万美元年收入，10万美元年利润，每股价格10美元，并且雇用100位员工。你可以看出，尼克已经为这个挑战做好了准备。

既然你已经知道了这三个人是如何通过挑战自我成为白手起家的百万富翁的，那现在就轮到你付诸行动了。

想一想上一次你花费巨大脑力或体力从而成功挑战自我是在什么时候。也许是在你坚持每周定期运动时；也可能是你为职位晋升做好准备，并且挑战自我使你的经理相信你是那项工作的最佳人选时；或者是你临时被要求完成一项工作，而不得不接受挑战并在短时间内完成它时；也许是你创办了一家企业，但面临着如何控制好现金流的挑战时。

无论你经历过的挑战是大是小，你成功克服这些挑战的方法都会帮你准备好应对接下来要面对的更大挑战。每一个你成功应对的挑战都会给你信心，去面对未来的挑战。在你准备成为一名白手起家的百万富翁时，你可以通过设定更高的预期目标来挑战自我。这样你不仅能够成就更多，还能准备好接受不远处的下一个挑战。

准备好应对挑战的三个方法

- 写出你曾经战胜过的最大挑战并描述你是如何克服的。

- 当面临人生中的下一个挑战时，你不妨回想一下自己曾经克服过的挑战。你曾经的成功会让你有信心应对未来的障碍。
- 要知道，如果人生中没有碰到过挑战，那说明你可能没有尽全力去生活。虽然你创造的挑战不应该是不现实的，但这些挑战也应该足够大，让你能够创造新的学习机会和思考方式。

行动步骤： 通过阅读一个新领域的内容，在智力层面挑战自我；通过表达自我感受，在情绪层面挑战自我；通过建立或扩展运动计划，在体力层面挑战自我；通过罗列你所感激的人、事和物，在精神层面挑战自我。

创富定律 33
不达目的不罢休

成功人士了解说服的力量。他们认为"不"的意思是"现在不行"、"现在不合适"或"因为太忙而无法决定"。对于同一个问题，他们会在不同时间提问不止一次，直到获得他们想要的答案。

需要给出回复的一方也许会被追问得有些恼怒，但他实际上也可能由于询问的方式而对多次提出相同问题的人的创意肃然起敬。区别就在于询问的方式。

有些人在追寻答案的过程中享受到的乐趣与最终得到答案时的乐趣一样多。你是这种人吗？

本书采访的第二十位百万富翁詹姆斯·蒂莫西·怀特在 16 岁时就积累了七位数的身家，他肯定享受追逐和赶超的感觉。他 12 岁时在加拿大成立了自己的第一家公司，并将其经营成为价值数百万美元的企业。2005 年，他卖掉了那家公司，并开始建立一家大有前途的新型金融企业。

和许多成功的企业家一样，詹姆斯曾从破产中振作起来，并说服他的家人投资他的下一家企业，而且由此成为法兰克福证券交易所（Frankfurt Stock Exchange）上市公司中最年轻的 CEO。

詹姆斯 17 岁时已有一家小企业。他曾经接到过一通电话，来自一家名为 SNC 拉瓦林奈克斯克（SNC Lavalin Nexacor）的大型工程公司，这家公司在加拿大艾伯塔省拥有数百个信号塔，被称为艾伯塔超级网（Alberta Supernet）。该公司的物业经理通过詹姆斯建立的网站找到了他，并问他是否有兴趣竞标信号塔维护工程项目，项目任务包括冬季除雪和夏季园林绿化。詹姆斯毫不迟疑地请对方把参与项目竞标所需的文件发电子邮件给他。

那天晚上，在收到竞标文件包之后，这位少年便把这些文件给他妈妈看，并解释说他将投标艾伯塔省的这些信号塔维护工程。他妈妈强烈反对，说他不可能做成这件事。虽然詹姆斯知道他妈妈是对的，但他无法接受一个否定的答复！

詹姆斯投标了这个项目，他并不知道自己是这个项目唯一的投标者，因而自动获得了合约。虽然詹姆斯的妈妈开始时反对这件事，但当他赢得合约并推动这项事业真正开始发展时，他的父母都全力给予支持。

事实上，他爸爸开车带他去了福特（Ford）汽车经销店，买了好几辆卡车。由于詹姆斯只有18岁，信用记录很有限，他的买车申请被拒绝了，但他通过请求和经销店主商谈而再次把"不行"变成了"可以"。詹姆斯和店主交谈了几分钟，向他说明了他获得的合约，于是店主请詹姆斯和他爸爸第二天再来。几天之内，詹姆斯就获得了购买全新带雪铲的F250柴油皮卡车的资金。不过，这是一种特殊的融资方式：经销店店主用自己的钱资助了詹姆斯购车。

现在，詹姆斯有了雪铲、卡车、鼓风机和铁铲，但对于到哪儿去找员工毫无头绪。在此情况下，詹姆斯的父母不得不辞职去帮他。剩下的唯一问题就是他手里没钱，因为他把所有的钱都用在准备开展业务所需的物资和装备上了。

那家工程公司的付款周期是90天，也就是说，他要等3个月才能收到第一笔工程款。詹姆斯的父母抵押了他们的房子，还把自己信用卡的额度提到最高，以便让他支付汽油、仓储和保险等经营费用。那年年底，詹姆斯收到了那份合约的第一笔工程款，使他有足够的资金还清抵押贷款和信用卡。

很快到了2006年，詹姆斯的父母买下了那家工程公司，并通过卖掉不那么赚钱的业务（园林绿化、快递与资产管理等）而巩固了公司的赢利能力。到这时，公司的业务重心变为经营重型卡车和拖车维修业务，他的公司成为当地此类特殊用途车辆的最大维修商之一，目前占地 17 000 平方英尺（合 1 579.35 平方米）。

如果詹姆斯当初以"不行"答复那位物业经理，他和他的父母可能至今都还在可悲地做着毫无希望的工作。

如今，詹姆斯的首要任务是建立其遍布佛罗里达州的房地产公司（WeSaySold.com），并管理各种投资业务（BinaryBiometrics.com 及 DrugTestingCourses.com）。詹姆斯还自豪地用自己的资金帮助其他已经成立的小企业发展，以便使努力奋斗的小企业主能购买设备、更新技术并通过自动化改进工序和流程。

把"不行"变成"可以"的四个步骤

- 问问自己你的请求为什么那么重要，把好处写出来。
- 时机最重要。有求于人时，你要找到一个恰当的时间，以便对象将其全部注意力都集中在你身上。
- 要知道，如果你的请求第一次得到了"不行"的答复，那么你必须准备好换个方式表达你的请求。如果你询问的人很坚决地对你的请求给出否定的答复，你就问问他能不能过一段时间再考虑这件事。然后，你真诚地给那个人发一封跟进邮件，感谢他抽出时间回复你，并说明如你们约定的，你会过一段时间再跟进这件事。

- 在约定的时间再次跟进这件事并坚持到有结果为止。记住，成功人士的字典里不存在"假如"这个词。这只是一个"何时实现"的问题！

行动步骤： 下一次在你的生活或工作中有人对你的请求说"不行"时，你要知道，得到你期望的答复要经历一个过程。你不妨在一段时间内多次提出同样的请求，直到你得到"可以"的答复。

创富定律 34

创造幸运

许多爱尔兰人能够成功靠的不只是运气。而运气是否垂青你，一大部分因素取决于你的心态及你如何对环境做出反应。

田纳西·威廉斯[①]（Tennessee Williams）的话也证实了这点："好运就是相信自己运气好。"[1] 积极的态度是否就是"幸运儿"具有的一项重要品质呢？

我知道幸运确实是你对环境做出的一种反应，也是一种态度。

具有积极态度的人会发挥创造力，使事情对自己有利。我清

[①] 美国剧作家，主要作品有戏剧《欲望号街车》《热铁皮屋顶上的猫》《玻璃动物园》等。——译者注

楚记得有一次，我的意见遭到一大片的反对声。我不屑于"不行"这个词，便决定不顾这些反对意见并发挥创意去工作。

那是1989年1月，我当时在争取为《代顿每日新闻报》(*Dayton Daily News*)撰写一个商务礼仪专栏。艾伦·凯利（Alan Kelly）是那份报纸的编辑，他告诉我他认为我的专栏对该报的读者很有价值。他说他们当时也在考虑另一个在争取撰写类似话题专栏的人。我给他发了好几篇文章样例，然后每个月给他打两次电话，打听他们什么时候做出决定。

3月第一周的周末，凯利先生告诉我他和他的团队就快要做出决定了，而我的专栏只是第二选择！

当时，我决定通过运用我的创意"碰碰运气"，试着吸引他们把我的专栏作为第一选择。我的目标是触动——当然是积极方面的——这位有爱尔兰血统的编辑。由于圣帕特里克节（St. Patrick's Day）①就要到了，这似乎是个完美的时机！

我买了鲜绿色的信纸和配套的信封，给这个爱尔兰人寄了一封信，写道："爱尔兰人今天在商业上取得成功靠的不仅仅是运气。我希望你能允许我通过'商务礼仪'专栏为你的读者提供竞争优势。"然后，我在信末签名"安·玛丽·萨巴思（Ann Marie O'Sabath）②——只为今天。"

---

① 圣帕特里克节是纪念爱尔兰守护神的节日，爱尔兰国庆节，节日传统颜色为绿色。——译者注
② 这是一种爱尔兰名字的写法。——译者注

这种行为可能听上去像是做傻事,可是你猜最后怎么样了?我如愿以偿了!

我创造了自己的幸运。我的每周专栏成为他们的首选,并且在他们的报纸上持续存在了四年!

成功人士自有办法功成名就。他们会在别人可能视为不利的境遇中发现"机会"。这些据说"创造了幸运"的人受到了自信的激励,把一个微不足道的想法、一件好事甚至一次不幸转变成一个机会。他们是把"创造幸运"以及其他 51 个创富定律付诸实践的人,也是致力于成为白手起家的百万富翁的人。

本书采访的第二十一位白手起家的百万富翁米基·雷德瓦恩就是其中一员。他在 36 岁时成为百万富翁。米基的很多竞争者都把他的成功归结为"幸运"。米基非常同意他们的观点——要是你懂得如何创造自己的幸运,就是这么回事!他显然懂得这么做!

CNBC[①] 把米基称为互联网热潮中光纤电缆行业的佼佼者。他的动力电缆控股公司负责在全国敷设数千英里的电缆。

正如其他"幸运儿"一样,米基精心对待人生中的每一次抉择。他在人生中只选择积极的且自己完全能够掌控的情形。米基提到,当人们不再为自己的未来创造有计划、有步骤的积极结果时,他们的人生自然就会陷入意外——也就是"创造幸运"的反面。米基保持幸运的定律之一就是他最喜欢的作家之一朗达·拜

---

① CNBC 是美国 NBC(全国广播公司)环球集团旗下的全球性财经有线电视卫星新闻台。——译者注

恩（Rhonda Byrne）提倡的吸引力法则，朗达曾著有《秘密》（*The Secret*）和《魔力》（*The Magic*）两本畅销书。

以下是米基·雷德瓦恩建议你可以用来创造幸运的六大策略。

- 保持"我会成功"的积极心态。虽然米基是在一所铁皮房子里长大的，但他在很小的时候就知道自己能够成功。
- 按照你自己的法则做事。你可以采用米基·雷德瓦恩的策略，通过谈判而不只是投标获得合同。
- 把你自己和你的企业打造成你的客户想要、需要和期待的样子，然后超越他们的期待。你不妨给他们一些"赠品"，这是路易斯安那州的一个老传统，尤其是在新奥尔良市的法语区。其意义在于以某种方式对客户的惠顾表示感谢。
- 做好事。你尝试每天都传递爱心。除了在生活中遵循"让爱传递"的原则，米基还通过给人提供人生成功需要的鼓励、知识和指导去帮助有需要的人。
- 当面临不幸时，你要专注于重新创造幸运。人人都会在人生中遭遇某种程度的不幸。米基了解不幸，他在世通公司（WorldCom）会计造假丑闻期间几乎失去了一切。在仅仅能维持不破产的情况下，他做了他最擅长的事：振作起来并重新创造财富。如果这还不是创造幸运，那什么才是呢？
- 保持勤奋、感恩，会欣赏别人，你就会创造幸运！要设计并创造对你的具体目标有帮助的环境。能做到这点，你就注定会成功。时刻关注你以实际行动制造的机会,并充满热情地抓住机会。

让自己"幸运"的另外三个方法

- 甘冒风险。无论是第一个开启一段对话,还是对那些有别于预期的情况做出反应,你都要控制住局面,这就是你开始创造幸运的时机。
- 拥抱崭新的经历。有时,一个偶然的行为就会引导你"创造幸运"。不要为事情与你预期的不同而感到失望,你应转变思路,把它看作一次机会。
- 转动成功之轮。抓住机会,这往往就是幸运的开始!

行动步骤: 当下次事情没有按照你的预期发展时,你就创造自己的幸运吧。

习惯 15

富有想象力

创富定律 35

行动起来

白手起家的百万富翁们是二话不说就会"行动起来"的人!

你是哪种人?是"打算行动"的人,"希望事情自然发生"的人,还是"行动派"的人?

打算行动的人

回忆一下,你上一次有个想法并打算付诸行动,但实际上什么都没有做,为何会这样呢?也许是你遇到了障碍但没尝试去克服,或者是有人在生活中告诉你"打算行动"是个荒谬的想法,也可能是你想起了前一次失败的经历。

不幸的是,"打算行动"的人可能没有意识到,成功的关键因素之一就是让身边围绕"行动派"的人。即使自己的创意可能是托马斯·爱迪生发明电灯以来的最佳发明,最轻微的一句泄气话、自我怀疑或过去的失败经历都会让"打算行动"的人停滞不前,不敢把想法付诸实践。要是这些人读过创富定律20(把失败转变成机遇),他们就会知道,爱迪生成功以前还失败过31次呢!

在回顾我创办的这家现在已经有31年历史的咨询公司时,我发现我非常幸运,身边围绕的人都是"行动派"的企业主。有了他们的鼓励和见识,我根本没有怀疑过自己是否能够成功。也许我在创办一家企业时应该更诚惶诚恐(更不用说当时面临着资金捉襟见肘的困难),但我没有。一个重要原因就是我周围的人都是成功的企业家,他们对于如何度过痛苦的企业初创期的见识给了我"行动起来"的信心。

希望事情自然发生的人

你如果是"希望事情自然发生"的人,就可能会花更多时间设想做什么事,而不是实际规划如何做成事情。

在我人生的某个阶段,我也是"希望事情自然发生"的人。让我从"希望事情自然发生"的人变成一个"行动派",是因为我读到了这句话:"你如果现在已经92岁了,那么希望有哪些事是你曾经做过的呢?"

这个问题确实引发了我的思考。好,我想开办一家公司。对,我正在做这件事。我想要有更多东海岸的客户,这样就能在纽约开一个办事处了。我不确定怎样开拓东海岸市场，因此我把这个目标记录在我的"人生目标清单"上。我很快意识到，相信自己能够实现这个目标是成功的第二重要因素。

5年之后，出于相信自己能够成功，在疯狂拓展业务网并执行了一个旨在把东海岸的潜在客户转变为实际客户的重大营销计划后，我终于有了足够的客户，可以在纽约开一个办事处了。我也从一个"希望事情自然发生"的人转而跻身"行动派"阵营。

我知道有一件事是确定的：你也能够做到！别再许愿了，制订计划来让事情——无论你想做什么——成功吧！

行动派的人

你知不知道，行动派的一个主要特质就在于他们对自己的信念？我一直认为，世界上最可怕的疾病不是癌症，不是阿兹海默症，不是心力衰竭，也不是其他任何我们经常听说的疾病。我真心认为，世界上最可怕的疾病是缺乏自尊。

要想做成什么事，你不必是其中最聪明的那个。你只要足够相信自己能够成功就可以了。

在30岁出头的时候，我是个老师。那时，孩子们刚刚开始上学，我就已经准备好从教育领域转入商业领域了。挑战在于我不知道该怎么做。

每当需要寻找答案时，我就会去书店找一本这个主题的相关图书。那次，我找到了一本名为《如何得到你想要的一切》（*How*

to Get Anything You Want)的书。我买下了它，然后走回家寻找答案。我那时很天真，从第一页起一页不落地读完了整本书。如果我聪明一些的话，我就会先读书的最后一页，从而能够省下不少时间。

让我帮你省下读那本书的时间，现在就告诉你如何在人生中得到你想要的一切吧。你准备好了吗？那就是"不惜一切代价去获得成功"（行动派的一句古老的格言！）。

你若是一个"打算行动"的人或者"希望事情自然发生"的人，现在知道该如何成为一个行动派了吧。

成为行动派的三个步骤

- 搞清楚你想要什么，然后制订计划去实现。给自己设定期限。
- 与那些已经实现了你的预期目标的人结交。一个支持体系很重要，不仅能给你信心，还能为你提供成功的"技巧"。
- 准备好行动起来！即使你不认识与你有相同目标并且已经成功的人，那我敢肯定你也能找到一本这方面的书。你如果找不到，就自己想办法去做，并且把写一本相关的书列入你的待办事项清单。

准备好，预备，开始，行动起来！为此，请接受白手起家的百万富翁德鲁·里斯的建议："你得抛开一切，远离质疑你的人和说'那个想法不行'的人，然后……冲破阻碍。努力实现所愿。"

他在得克萨斯州麦金尼市创办了流行墨水公司（Popular Ink），其结果就是在 25 岁左右成为一名白手起家的百万富翁。2016 年，流行墨水公司产生了 250 万美元的销售额。这家公司目前有 51 位员工。德鲁成功了。你也能做到。

行动步骤：想清楚你要实现什么目标。然后把它写出来，把你的"愿望"变为现实。最后，去结交已经成功了的人！

创富定律 36

一切皆有可能

成功人士生活在界限以内——也就是他们自己设定的界限。他们会设定时间界限和金钱管理的界限。他们通过树立明确的目标来设定界限。

成功人士只在一个方面不设界限，那就是最大限度发挥自己的潜力。他们会超越已有的经验来扩展自己的思维，去创造他们自己可能的未来。他们厘清自己的目标，然后努力去实现，从而提高自己成功的概率。这些人建立并保持着一种"一切皆有可能"的思维。

对第一代美国移民来说，尤其是这样。实际上，根据问答类网站 quora.com 的调查，美国的百万富翁中每三个就有一个是在外国出生的或是第一代美国移民。[1]而且，这些人中 80% 是白手起家的百万富翁，给自己灌输了"一切皆有可能"的信心和思维方式。

本书采访的第二十三位白手起家的百万富翁沙马·海德（Shama Hyder）在27岁达到这个地位，她是在9岁时跟随家人从印度移民到美国的。她说，正是这种思维的力量和坚定的决心帮助她把不熟悉的环境转变成舒服的环境。她"想要"在陌生环境中做到最好的自己，这使她在一所有新朋友和新文化的新学校中成长。

除了坚定的决心，这位成功者还对新思想、新的人和新的思考方式保持开放心态。结果，沙马树立了不受限的坚强信念，认为自己能够做到任何决心去做的事。当被问到实现白手起家的百万富翁的目标对她意味着什么时，她说："这让我意识到，一旦我决心去做，没有什么是我做不到的。一切皆有可能！"

沙马提到，"一切皆有可能"的思维对于她经营自己的全球网上营销和数字公关公司营销禅集团（The Marketing Zen Group）也至关重要。她也是《网络社交媒体营销》（*The Zen of Social Media Marketing*）一书的作者。

建立"一切皆有可能"思维的五种方式

- 买回一株植物。借用它来思考如何培养你的这种思维。
- 根据种植建议，把植物放在光源附近。把你自己置于类似的环境中，根据人们取得的成就和你想要实现的目标，安排时间与能够促使你成长的人在一起。

- 每天给植物浇水、施肥或放置到阳光下。通过阅读那些能够激发你成长的成功人士的书籍，让自己的思想也同样得到滋养。
- 随着植物的不断生长，把它移植到较大的盆里。通过扩展你的活动，去发挥你的成长潜能。
- 通过每天做一件事去实现你的想法，来保持这种成长心态。用植物的生长来衡量你自己"一切皆有可能"思维的建立过程。

行动步骤： 要知道，在下定决心做一件事时，你就什么都能做到。你务必建立一种"一切皆有可能"的思维。

习惯 16

善于创新

创富定律 37
重塑自我

每个人身边都有白手起家的百万富翁。不过,这些创富者或许太低调了,以至他们的家人和朋友可能都没有发现他们在渐渐地重塑自我。

他们是如何重塑自我的呢?他们在每一次发现别人可能忽视的机会时都能紧紧抓住,通过阅读不断提升自我,并从自己选择与之为伴的人身上用心学习"该做什么"和"不该做什么"。

如果没有吉姆·亚伯拉罕(Jim Abraham),本书就不完整,他也是我在本书采访的第二十四位白手起家的百万富翁。吉姆是我的舅舅。不过,即使有人注意到吉姆舅舅在数年中多次重塑自我,这样的人也只有很少几位。他一开始在一家餐厅里做清洁工作,然后照管一个爆米花摊，随后在一家餐厅工作——给海龟型甜点蘸上巧克力，最后他买下了那家餐厅。

虽然吉姆舅舅已经去世了，但我还是想告诉你他是如何在超过 40 年的时间里不断重塑自我的。这种逐步重塑的过程使他在 60 岁时通过投资不动产成了一位白手起家的百万富翁。

吉姆舅舅具有良好的职业道德。他出生于一个早在 1914 年就来到美国的叙利亚移民家庭。我还记得我妈妈告诉我，我的外公外婆那时太穷了，即使是圣诞节，他们给孩子的长袜里放的礼物也只有一个橘子和一双短袜。

吉姆舅舅 7 岁时，一次他和两个朋友在一家糖果店旁的小巷里玩。糖果店店主米施卡（Mischka）先生正在小巷里倒垃圾，便问他们三个："你们中有人愿意做一份工作，一周帮我做几天杂务吗？"吉姆舅舅马上说他愿意。虽然他那么做是为了赚钱，但他可能还没意识到，他已经开始了重塑自我的旅程！得到父母的允许后，他每周都有几天放学后去那家糖果店工作并且坚持了 9 年。

为了帮忙养家，吉姆舅舅辍学了，他问米施卡先生能不能在那儿工作更多小时。这就是重塑！米施卡先生不仅让他工作更多小时，还投资了一个爆米花摊，放在糖果店前面，上面印了吉姆舅舅的名字。他的又一次重塑！

除了按小时付给吉姆舅舅工资外，米施卡先生还把卖爆米花收入的 50% 分给他。一次重塑！两年后，第二次世界大战爆发了。吉姆舅舅应征入伍，与家人、朋友、米施卡先生和他的爆米花摊告别。又一次重塑！

1944年，吉姆舅舅退役后回到了俄亥俄州的阿默斯特市。他去看望米施卡先生，后者张开怀抱欢迎他回到糖果店工作。不过，这次，他学会了如何经营生意。一次重塑！

吉姆舅舅很早就来开店门。他还学会了如何做巧克力皮的枣和焦糖海龟型甜点，以及招待顾客。又一次重塑！

两年后，米施卡先生问吉姆舅舅是否愿意买下糖果店。吉姆舅舅很激动，无法相信自己能"幸运"地得到这个机会。吉姆舅舅和米施卡先生经过商谈，达成了双方都能接受的购买协议。

有一次节日销售季，外地的糖果运输订单太多了，以至销售季结束后，吉姆舅舅发现他已经为自己的糖果店建立起了邮件订购的业务。一次重塑！他在1948年赚了20 000美元（按照今天的币值，相当于206 000美元）。

吉姆舅舅的律师朋友对他说："吉姆，如果你想成为有钱人，就投资一块土地吧。"此后不久，他从糖果销售收入中拿出20 000美元买了几英亩农田。一次重塑！他每过几年就继续投资土地，直到人们不再把他看作米施卡糖果店的老板，而是拥有大量不动产的人！

几十年以后，吉姆舅舅接到了一家商业地产开发公司的电话。这家公司打算购买他的一些土地并将其用于开发购物中心。他没有把土地卖给这家公司，而是租给它，因此他仍然是土地所有者。又一次重塑！

重塑自我的三种方式

- 把你目前已经取得的成果写出来,以便进一步重塑自我。这些成果也许是搬了家,得到了学位,换了工作,遇到了你认为可以当作导师的人,等等。
- 写出你5年后、10年后甚至15年后的目标。在这些目标旁边,写出你需要如何重塑自我才能实现它们。
- 每当到达了一个新的自我重塑里程碑时,你都要奖励自己。积极的心态能让你继续前行。

行动步骤: 根据自己已经掌握的技能,你打算如何重塑自我来成为白手起家的百万富翁?

创富定律 38

接受改变

"你如果总是做自己已经做过的事情,那么只能得到你已经得到的东西。"亨利·福特说的这句话非常精辟。

白手起家的百万富翁们非常善于接受改变。实际上,他们中很多人正是利用改变发家的。他们会分析是什么导致改变的,然后创造出可能的解决方案从而不断前进,而不是对改变心存疑虑。

他们应对改变的方式，与那些努力消除无法改变的东西而陷入困境的人大不相同。

本书采访的第二十五位白手起家的百万富翁乔·帕尔科（Joe Palko）在 25 岁时成为百万富翁。2000 年，他和他的生意伙伴斯科特·圣菲利波（Scott Sanfilippo）共同创建了 www.theferretsore.com 网站，这是一个宠物用品网络零售平台。6 年后，他们成为美国宠物用品经销商中的佼佼者。2006 年，这家公司被福斯特和史密斯博士公司（Drs. Foster and Smith）收购了。

乔把接受改变当作他们成功的一个重要因素。虽然公司的业务在 2000 年很赚钱，但他们发现已经经营了 6 年的在线业务的利润开始下滑。他们认为，威胁来自市场上一些和他们提供相同产品的在线竞争者。乔和斯科特还注意到，他们的竞争对手为了提升市场份额，宁肯以低于成本的价格销售商品。

那时，这两位企业家接受了这种改变，开始发展自营的宠物食品和用品。他们的品牌比宠物商店里能买到的任何品牌都更加独特，质量也更好。乔说，他们如果没有接受即将到来的改变，那么其销售额还将继续下滑。幸运的是，他们的宠物食品大获成功。

在任何行业，包括宠物用品行业，顾客往往对品牌十分忠诚。打造一个高品质的食品品牌，能确保顾客在宠物一生中不断重复下单，有时甚至持续顾客的一生。

接受改变的三个方法

- 当职业生涯中面临一个改变时,你不妨多问几遍这个改变有什么好处。你若关注积极的方面,恐惧因素就会减少。
- 安排时间与擅长应对改变的人谈一谈。畅所欲言的讨论往往能驱散疑虑,生发出新的处事方式。
- 回想上一次你遇到改变而别无选择只能接受的时候,写出那个改变带来的好处。这种练习将促使你对将来会面对的改变保持积极的心态。

行动步骤: 下一次遇到改变时,你勇敢地接受它吧。

习惯 17

自尊自爱

创富定律 39

尊重他人

白手起家的百万富翁们都很重视尊重他人,这是他们性格的自然流露。和其他人一样,这些成功人士以一种方式得到尊重:尊重他人。

本书采访的第二十六位白手起家的百万富翁同时也是一位著名律师的加里·M(Gary M.)解释说,他尊重他人的方式就是和那些与他打交道的每个人都成为朋友。他建议给别人如下 11 种形式的尊重,这足以证明他对人之真诚。这绝不是夸张,我本人就是见证者。

- 如果他说了要做什么事,你不妨相信他一定会做。(定律 8:言而有信)

- 他很诚实。（定律9：诚信做人）
- 如果别人请他做事，我的经验是，他会像重视自己的时间那样重视别人的时间。（定律11：守时）
- 他善于倾听，这可能就是人们为他倾倒的原因之一。（定律22：倾听）
- 当有人需要帮忙时，他总是会站出来。（定律24：让爱传递）
- 他定期运动，说明他尊重自己的外表。（定律25：为健康而运动）
- 他安排时间冥想，尊重自己的内心。（定律26：花时间思考）
- 他生性乐观，总是自然地看到人们好的一面。（定律29：保持乐观）
- 即使取得了白手起家的百万富翁的地位，他也不认为自己比别人更优越。（定律40：谦逊）
- 他对自己得到的即使是最微小的帮助都铭记于心，尤其是他往往是给予帮助的人，而不是接受帮助的人。（定律41：心存感激）
- 他帮助有需要的人。（定律43：回馈社会）

你可能自言自语："我也具备这11个特性，但我还没成为白手起家的百万富翁。"祝贺你！我在本书一开始就告诉你了，你可能比你认为的离白手起家的百万富翁更近。随着你完成自己待办清单上的本书中讲到的其他定律，把眼光放长远对这一目标的实现至关重要。

对他人表示尊重的五种方式

- 优先满足别人的要求。你可以通过少承诺多做事来实现这点。
- 更乐于了解他人,而不是表现自己。
- 认真听完别人讲的话,你在给出自己的意见之前先复述你听到的。
- 只要别人为你做事情超过15分钟,事后就要给对方发一条后续信息。你可以选择这条信息的形式,如电子信息、打印信息或手写信息。
- 对每个人都保持非常礼貌的态度。你对别人的尊重也体现了你对自己的尊重程度。

行动步骤: 以礼待人,对别人展示你的良好品质。

创富定律 40

谦　逊

我对白手起家的百万富翁们曾经抱有一些成见,其中之一就是认为他们会被成功冲昏头脑。但我大错特错了!至少本书中的30位白手起家的百万富翁不是这样的。

虽然他们的身家变了,但是大多数白手起家的百万富翁的价值观没有改变。他们具有一个往往被忽视且肯定被低估了的美德,那就是他们的谦逊。

也许这些人中很多人一开始就很谦逊,这是他们获得 7 位数的财富后仍然低调的原因之一。和我们很多人一样,他们无疑也要付出长时间的努力才能获得成功。有些人虽然"成功了",但仍在努力。

他们既然取得了这种成功地位,就已经向自己证明了他们能够做到。然而,这些已经成功的人中,绝大多数都不需要也不希望炫耀自己的成功,或者得到比别人更特殊的对待。事实上,很多白手起家的百万富翁更乐意融入人群。从他们住的地方、一些人开的车和他们朴素的穿着就能反映出这点。他们选择留出盈余,正如你在创富定律 44 中将读到的。

沃伦·巴菲特(Warren Buffett)就是最好的例证。虽然《财富》(*Fortune*)杂志在 2017 年世界最富有的亿万富翁名单中把他列为世界上第二有钱的人,但巴菲特仍选择住在内布拉斯加州奥马哈市他 1958 年以 31 500 美元购买的房屋中。他的财务状况已经发生了改变,但是,和许多白手起家的有钱人一样,他对物质享受的态度仍然没变。

除了与其财富相比,他们的生活方式比较朴素外,这些充满自信的人还常常倾向于在其他方面也不显山露水。他们中的很多人都善于倾听,更乐于关注他人,而不是吹嘘自己的成就——除非别人问起。他们喜欢帮助别人获得成功。

你是如何的呢?为什么不通过以下这四条来测一测你的谦逊程度呢?

- 你更关注别人而不是自己吗？
- 你会通过提问作为积极的倾听者参与谈话，而非讲述关于自己的事吗？
- 你以自己的价值观指引行为的正确方向而不是跟着兴趣走吗？
- 你更享受给予而不是索取吗？

你做得怎么样？如果你对以上问题都回答"是"，那你就已经掌握了这个创富定律。如果不是这样，你就应记住熟能生巧。

保持谦逊的四种方式

- 无论你已经成为白手起家的百万富翁，还是仍在为此而努力，都要记住自己的初心。这能帮你避免因为努力过程或也许已经取得的"成功"而自我膨胀。
- 关注他人。多向别人提问题，少说自己。除了给别人表达的机会，你可能还会欣喜地发现你能了解到那么多信息。
- 帮助需要的人。除了使世界更美好，你还应更加感激你所拥有的一切。
- 在参与一个团队项目时，你不要强调自己在其中的作用，相反，要展现别人的贡献。你的谦逊会使你成功。

行动步骤： 关注他人。

习惯 18

懂得感恩

创富定律 41

心存感激

除了找到你热衷的事物、接受改变、保持良好的职业道德及其他 48 个创富定律之外，要成为白手起家的百万富翁，你还有一件重要的事，那就是心存感激。这个定律对本书采访的人那么重要，让我大为惊讶。

在《生活幸福的七大核心技能》（*The 7 Core Skills of Everyday Happiness*）一书中，作者斯科特·威尔海特（Scott Wilhite）认为心存感激并展示幸福是人生中的一项最伟大的技能。他最喜欢的一句话是："你不可能在心存感激的同时遭遇不幸。"[1]

研究已经证实，除了保持快乐，表现出感激之情的人也是积极的人。他们更注重自己拥有什么，而不是缺乏什么。他们会因别人做的最微不足道的事而对其表示感激之情。这就是心存感激的真正要义。

懂得感恩的人对生活有一种热情，他们以感激的态度开始新的一天。虽然人们很容易认为美好的生活是理所应得的，但本书采访的几位白手起家的百万富翁表示，他们会刻意提醒自己对所拥有的一切心怀感激。

要想在一天的生活中永怀感恩之心并时时体现出来，一个人可以对出色完成工作的团队成员表示感谢，对一个客户给你业务表达感激，对别人的委屈表示理解，表扬别人，还有为吃晚饭时没用手机而感谢家人。通过这些感恩的行动强化积极态度，这些人身处的环境就会让生活和工作变得更愉快。除此之外，接收到这些感激之情的人也会感觉自己受到了他人的欣赏。

与懂得感恩相反的，就是把精力花在生活中欠缺的东西上。成功人士会强调他们已经拥有的和有用的事物。即使遇到不利的情况，他们也不会让自己陷入怨恨的情绪。反之，这些成功人士会让自己把不利的情境看作一种警醒并吸取教训。换句话说，即使遇到意外的情况，他们仍然保持积极的态度。

对白手起家的百万富翁的一个误解是认为他们是金钱至上的人。尽管这些人的确赢得了享受奢侈生活的权利，但外人可能无法体会，他们为别人带来了多么丰富的人生。他们精神上的富足来自他们对自己所拥有的、金钱无法买到的东西（比如家人和健康）的感激和欣赏，以及他们由于给予他人的东西而获得的感谢。

无论感恩之心是如何表现出来的，它最终都会因你对他人真诚的感激而转变为一种丰富的生活方式。人生的一条精神法则就是"你所关注的事物往往会越来越多"。你如果对自己拥有的一切时常表达感激，得到的东西就会越来越多。这条自然法则就叫作"丰富法则"。

与这些积极的人紧密相伴的另一个特质，就是他们那种水杯"全满"而不是"半满"的心态。鉴于大多数人都无法从消极情况中看到好的一面，白手起家的百万富翁们会训练自己这么做。他们教会自己即使面对不利情况也心存感恩，因为他们把这看作可以吸取的教训。这也成为一种区分因素，区分开那些能够在人生中获得成功的人与那些经不起失败且不会将其视作学习机会的人。

你会如何评价你自己在最不利的境地中"心存感恩"的心态呢？比如说上一次你因为开车超速收到一张罚单的时候？那真是个错误！

我这么说可能让人听着像个盲目乐观的人，那我就来说说上一次我收到一张超速罚单时的感恩之心吧。大概是20年前，我正一边听广播里我最喜欢的一首歌，一边在高速路上开车。但是，我没意识到车速已超速15英里（约为24千米）/小时了。没多久，我发现我车后面有一辆警车。警察示意后，我把车停在路边。

当走到我的车旁时，警察问我是否意识到自己超速了。我说我没有意识到，并感谢他让我停下来。这不是一种讽刺的感谢，也不是那种"我试试闲聊几句看能否免于被罚"的套近乎。我的"感谢"是真心的。我对自己超速行驶很生气，不过我很感激叫停我的警察，他只是在做自己的本职工作。虽然这是让我更小心高速路上限速变化的昂贵一课，但我的确感谢那个警察强化了我的安全驾驶意识。

对生活中得到的一切心存感恩的人会为自己吸引来更多好事。我的意思不是说更多的罚单，我是说对生活中发生的好事和意外都更深刻地意识到"积极的一面"。

本书采访的第二十七位白手起家的百万富翁邦尼·莱特西和她的丈夫实现这个目标时曾说："这让我意识到上帝已经赐予了我那么多的福祉。"

做到心存感恩的三种方式

- 开始写感恩日记。写出你人生中有哪些值得感恩的东西，包括人和事。
- 对你日记中写到的日常生活中的人口头表达感谢。你不妨给影响了你人生的人写一条简短的电子信息或纸条，以此表达谢意。你的话也会让对方感激。
- 仁爱始于家庭和工作场合。我们很容易对亲近的人习以为常。要感激你身边的家人和同事。让他们知道，你对他们给予你的情感上、知识上、精神上和物质上的支持有多么感激。

行动步骤：每天都写出三件让你心存感激的事。

创富定律 42

重视你的个人生活

我采访过的白手起家的百万富翁们似乎非常重视他们的个人生活。他们中很多人表示其家人是他们努力获得成功的动力。

他们中一些人出身卑微,也许这就是他们最强烈的动机之一——让他们的家人过上自己没有得到的更好的生活。为了创办成功的企业(他们若在私营企业,就要获得晋升),这些白手起家的百万富翁和他们的家人做出了很大的牺牲。养家糊口的人往往要一周工作 60 ~ 100 个小时,不惜一切代价寻求成功。结果,其伴侣和孩子就缺少了这个家庭成员的陪伴。

我很有幸通过见面、电话或电子邮件访问了这 30 个人。第一次访问往往不太可能通过见面或电话完成,不是因为我没时间陪他们去法国度假胜地里维埃拉,而是因为对他们而言全情陪伴家人更重要。谈谈让你精神振奋的话题吧!以下是他们中一些人的回答:

- 抱歉,但是我和孩子们正在装饰我们的车库,这个周末我们要举办一个大型假日聚会。我期待尽快和你联系。
- 我这个周五要带孩子去芝加哥,不能跟你聊。你下周有时间吗,十月三日星期二或者十月四日星期三?

无论这些人身价几何,在他们看来,个人生活似乎高于一切。

他们的"个人时间和亲情时光"是其幸福的最终来源。本书采访的第二十八位白手起家的百万富翁史蒂夫·S（Steve S.）表示，他在职业生涯中一直坚持养家糊口而不违背自己的个人价值观。

史蒂夫·S 和其他 29 位白手起家的百万富翁现在关注的是一种平衡的生活方式，而不是成为赚钱的奴隶。虽然他们仍然没有失去动力，还活跃在各自的企业中（除非退休了），但财务自由使他们能够舒适地享受金钱买不到的东西：亲情时光。他们认为，和家人一起度过高质量的亲情时光有助于创造能够传给子孙的记忆和传统。以下是他们中的一些人描述其七位数的身家所带来的好处。

成功使我能够把时间和金钱用在更高层次上——从我的家庭开始。菲利普斯家装公司刚开始的几年，我从不休假。由于我的成功，我能够供养我的家庭，在我的日程中安排有意义的亲情时光并创造持续一生的记忆。你无法为这些贴上价签！

——贾森·菲利普斯

我现在有足够的钱养育并充实家庭，有足够的钱娱乐，有足够的钱买房子、请亲友吃饭并偶尔为身边的旅行者提供帮助。

——布鲁斯·辛德勒

有能力照顾我的家人，并有能力帮助需要的人。

——邦尼·莱特西

我最重要的目标和成就是作为我四个孩子的父亲，第二是作为我最亲密的朋友圈中的好友。

——米基·雷德瓦恩

财富使我有时间陪伴我的家人和我爱的、最亲近的人。

——杰布·洛佩斯

优先考虑亲情时光的三种方式

- 在每周周初，你就安排出与家人共度的时间，不要让任何事情影响这段珍贵的时光。
- 在享受亲情时光时，你要让你的家人知道你的注意力 100% 都在他们身上。你要忍住不查工作邮件和信息，不接电话。如果有必要，你可以设置自动回复，告知别人你这个晚上或周末要和家人度过，因此无法抽身。你的客户会深受感动的！
- 要知道，你的行为将反映出你的孩子们成年后会怎么做。把你不受打扰的时间给予他们，这样当他们长大成人后，你也可以期待他们做出回报。

行动步骤：时刻铭记那些在你的个人生活中支持你的人，控制好做事的轻重缓急。

习惯 19

做慈善或者传递爱心

创富定律 43

回馈社会

你上一次回馈社会是在什么时候？

与普通人固有的观念不同，大多数白手起家的百万富翁是回馈社会的忠实信徒。事实上，我发现这些人身上具有回馈社会的明确动力。

他们为什么回馈社会

无论这些人是如何取得如今的地位的，他们都会因为各种原因而回馈社会：有的人回馈社会是因为他们记得在自己需要的时候，有人帮助过他们；有的人回馈社会则与此相反，他们需要帮助时无人伸出援手；还有的人回馈社会是因为他们在追求"成功"时走了一条与众不同的道路，因而没有前人的成功经验可供借鉴。无论出于什么原因，这些乐善好施者回馈社会都是因为他们乐于使别人的人生发生积极的改变。

他们是什么时候开始回馈社会的

有的人在努力获取成功地位的过程中被迫回馈社会；也有的人在取得成功之后才专注于回馈社会；有些人二者都做了，他们在成为白手起家的百万富翁的过程中开始回馈社会，并且在赚到第一个一百万之后回馈社会更多。

他们如何回馈社会

本书采访的有些白手起家的百万富翁会通过各种方式回馈社会。有些人主动贡献出自己的时间和专长，还有些人成为他们当地高校的兼职教师。其中一个人通过指导女性并照料病人和无助者回馈社会。还有一个人把自己的时间献给监狱，帮助犯人准备好在获释后创办自己的企业，以这种方式回馈社会。有一个采访对象通过给他们社区的艺术事业捐款来回馈社会。也有人通过捐款给特定组织来资助他人。

在你排队等待这些乐善好施者的救助之前，你要知道，天下没有免费的午餐或白来的钱财。这些白手起家的百万富翁是有经验的捐助者，只会帮助他们信任的人和组织。他们会对想要成功的人"授人以渔"。正如你在创富定律52（你已经有渔竿了，现在去钓鱼吧）

中将读到的，他们教这些人钓鱼，而不是仅仅给他们鱼。

虽然本书采访的第二十九位白手起家的百万富翁比尔·邓恩的目标从来就不是成为百万富翁，但他说自己对取得这种地位最满意的地方在于，他有能力给他人及慈善机构大笔捐款，而这些机构多年来从未得到过有力的支持。

我个人也热爱回馈社会。我喜欢为他人提供必要工具，去实现他们心中的目标。我回馈社会的方式是帮助别人建立自信，给他们创造个人成功所必需的信心。我回馈社会的方式就是写这本书——协助你走上成为白手起家的百万富翁的旅程。

让我再问你一次这个问题：你目前做了什么去回馈社会？你是否把自己的时间、专长或资金捐献给了他人？记住：付出才会有收获。这叫循环定律（the law of circulation）。

你不必等自己成为一名白手起家的百万富翁后才回馈社会。不过，如你所见，成为白手起家的百万富翁的 52 个定律之一就是回馈社会。正如本书采访的第十三位白手起家的百万富翁、律师罗杰·德罗斯所说的："要在人生中留下足迹。如果你无法留下足迹，就留下指印吧。"

开始回馈社会的三种方式

- 写出你至今为止取得的成就，包括大大小小的成就。评估一下你是如何取得这些成就的。

- 你取得今天的成功并不是一蹴而就的，而是一步一步奋斗出来的，不妨与那些能从你的奋斗历程中受到启发的人分享你的做法。同时，你要知道，有一种会受到他人感激的回馈社会的方式，就是简单地倾听。
- 要认识到，把你获得的东西再分享出去非常重要。如果你想得到别人的帮助，就把你在现实生活的磨炼中学到的东西回馈给可能从中受益的人。

行动步骤： 主动采取"回馈社会"的方式。除了能够改变另一个人的人生，你还会惊喜地发现这是多么让人满足。

习惯20

善于理财

创富定律 44

留出盈余

人们会选择三种生活方式之一：入不敷出、量入为出或留出盈余。你选择哪种生活方式？

- 如果你的生活入不敷出，还用信用卡买东西的话，那么账单到期时，你可能无法全额还款。入不敷出的生活可能使你没有余钱应急，也无法进行未雨绸缪的投资。
- 如果你的生活量入为出，那么你会用现金或信用卡买东西；你会全额支付房款，在到期日一次付清账单并留有应急资金；你也会有余钱用于储蓄，或为你未来的个人成功进行智力投资。

- 如果你为生活留出盈余,那么你会每月多还一些房贷、助学贷款或其他需要支付的费用,也会有钱存入应急基金和储蓄账户,甚至会有余钱用于投资。

如果你还没猜到,我可以告诉你,白手起家的百万富翁们会留出盈余。他们不会与人攀比,并且以财务自由这一终极目标选择生活方式。他们只有估算了自己需要花的钱之后,才会把可支配收入的剩余部分分配在物质享受和娱乐活动上。他们会选择财务自由,而不是去买街角店里那辆法拉利汽车。

本书采访的第三十位白手起家的百万富翁安迪·伊达尔戈是在46岁时取得这个地位的。安迪了解留出盈余的意义。他说:"留出盈余是你在年轻时培养的一种特性,尤其与你接受过什么样的金钱观教育(如果你有幸接受过的话)或者你看到的人们的工作与收入之间的关系有关。"

有些人生经验最好通过亲身经历获得。安迪小时候在他妈妈失业、家庭经济严重困难时,就体会到了"留出盈余"的重要性。即使那时安迪还只是个孩子,他也已经认识到,成人以后他绝不愿意陷入类似的经济困境。通过学会如何规划财务,他竭力采取预防措施避免家庭困境重演。

安迪会精心管理自己所赚的钱的去向,而不是养成挣多少花多少的习惯。他还特意少花一些钱,以便应对意外支出这类需要防备的情况。

对安迪来说，留出盈余的方式就是只买他的家人能够享受或他自己必需的东西。安迪夫妇养育着四个孩子，因此有时他的家人想要一些可能对安迪来说不是优先选择的东西。一个具体的例子就是一幢海边小屋，对此，安迪首先考虑的是他的净收入能否负担得起这笔不小的开销。

与许多白手起家的百万富翁一样，安迪生活中的花费选择是根据需要买东西，以及为家人和后代储蓄余钱。关于如何理财，留出盈余是安迪一生的选择。

留出盈余的四个好处

- 你会有更多可支配收入，早日还清负债。
- 你会有能力建立应急储备资金。
- 你将能够留出部分收入用于投资。
- 你会更快获得财务自由。

行动步骤： 评估你的花费习惯。你若没有留出盈余，就要想一想你有哪些不必要的花费是可以取消的。

创富定律 45

为自己做好财务规划

大多数人认为财务规划就是为退休后的生活做准备。然而,财务规划对任何人都非常重要,在你拿到第一笔钱时就应该开始。

很多人(包括我在内)没有上过财务管理课程。由于我们既缺乏来自父母的理财方面的建议,又没有主动从网络文章中学习理财方面的知识,我们中的很多人只能从残酷的现实生活中学习如何管理金钱。实际上,对很多人来说,挣钱比管钱更容易。

在开始动笔写这部分内容时,我对填写财务表格有所畏惧。到那时,我才明白为什么多年来我都回避做这件事。我如果一直逃避做财务规划,那么可预见到的最终结果将是:我花钱无度而且对此束手无策。

在我读过查尔斯·哈姆维(Charles Hamowy)写的《如何保持财务稳定》(*Financially SECURE Forever*)一书后,我发现了一个名为神经经济学(neuroeconomics)的新的研究领域,研究的是人们如何做出经济方面的决策。[1] 这使我对自己花钱的习惯和影响我购买决策的因素更加清晰了。正如神经经济学家所做的,我开始研究自己为什么这样花钱。这也可以帮助我预测将要面临的挑战。

要想做出自己的财务规划,首先一步就是要了解你挣多少和花多少的关系。其结果就是,要么你为自己花的比挣的要少而庆幸,要么你得削减随意性的开支。无论哪种情况，你都应留出实际收入的10%用于储蓄和投资。听上去很复杂，但我可以用亲身经验告诉你，这个过程没有听上去那么痛苦。

安排预算的不同方式

如何安排自己的预算是一种个人决策。这应该根据你的个性和消费习惯而定，并且一定要适合你自身的经济状况。

如果你注重细节，像我那个善于理财的女儿一样，你就可以创建一个Excel表格，分类列出你的消费明细，并记录好你买的每一件东西。你若觉得这样太烦琐了（我就这么觉得），那可能就应该根据你的必需品来建立一个总体预算：首先是你的需要，其次是你可自由支配的开支需求。

你还可以通过放弃或延迟你的需求来保证，在"需要原则"内花钱，这也是一种安排预算的方式。

安排预算的第三种方式是先弄清楚你的现金流，然后根据你当月可以支配的资金来安排花费。在花钱时不要找借口！

无论你选择哪种预算方式，都一定要选择一种适合你的。

如何运用预算工具

你使用的预算工具可以是复杂精细的Excel表格，也可以是智能手机上像Mint之类的应用软件。当然，你也可能更愿意只是把可用的现金和支出记在笔记本上，保持简洁的预算方式。

有些人甚至把信封用作预算工具。他们把一定数额的现金分别放进不同的信封，分别用于外出就餐和其他休闲娱乐活动，并且只花销不超过信封里数额的钱。

做预算不必太复杂。这只是一种让你在财务上有迹可循的方式。不言而喻，其意义在于让你树立挣的比花的多这一首要目标。如果你发现自己的做法正好相反——花的比挣的多，那么改变你目前的消费习惯刻不容缓。其实，我非常欢迎你加入我的行列，把本书采访的第二十二位白手起家的百万富翁德鲁·里斯当作导师。

德鲁在年近30岁时就已成了白手起家的百万富翁，他和他的妻子不像有些人成为百万富翁后就大肆挥霍、散尽家财，甚至是任意妄为。相反，德鲁和他的妻子选择在生活中留出盈余。

德鲁对此说明如下：

你如果查看我的个人资产负债表，那么可以看到我是在不到30岁时成为百万富翁的。但到了30岁时，在我的个人银行账户里，除了个人资产负债表上的资产，我还有几百万美元的流动现金。我把这些钱都拿来放在了一个"金库"里。我不去查看这笔钱，也不去动它。我把钱交给一家财务公司，告诉他们我25年后（到我55岁时）来取。到那个时候，那会是一笔巨款，我的孩子都花不完。而直到那时，我和我的妻子都在工作，还在挣薪水，不过薪水会很高！

我不知道你现在是什么感受,我对德鲁的印象非常深刻。

四个财务规划策略

- 分析你的花销,看看你在哪些地方可以改进。如果你的记录表上显示你的支出大于收入,你就需要重新评估你的消费习惯了。这么做时,你要了解你和金钱之间的关系。你的支出中有多大比例是根据需要花的,有多大比例是因为想要花的?采取必要步骤削减你的"消费欲望"。
- 有意识有目的地花钱。正如定律47(提前做购买计划)中所说的,这种做法能帮你避免冲动消费,一切都按计划采购。
- 制订短期和长期的财务计划。
    ——短期计划:也许你想为买房子或公寓存首付款;或者你想留出足够的钱,在你需要(而不是想要)买一辆新车时用现金支付。
    ——长期计划:你的目标是 X(数字)年后退休。弄清楚你觉得你会享受什么样的生活方式,以及每年需要花多少钱。然后根据你需要努力在当前和那个年份之间存下或投资的金额,分析你从今天开始要存多少钱才能确保你过上理想的生活。网上有很多退休金计算工具可供你使用。
- 投资你的未来。除了为自己的未来财务做了出色的规划外,本书采访的第十四位白手起家的百万富翁约翰·皮尔斯还在投资领域驰骋了超过25年。这位白手起家的百万富翁建议每个人设立一笔401（k）①资金，并每年存入工资的10%。约翰进一步解释了这项税前收入储蓄对你的税后工资会产生的最小影响。他保证，任何从20多岁就开始把收入的10%存入401（k）计划的人，到退休时都会成为百万富翁。

约翰还建议，投资时根据专业人士的可靠建议而不是算法去使用重新平衡的交易资金，按7∶3的比例进行股票与证券投资。约翰还指出，一个人若没有401（k）基金，就应该建立一个个人退休账户（IRA）。

约翰说，他从自己找到工作的那天起就开始投资了。他一开始对所有股票都投资10%，随后他加大投资（通常每年增加18 000美元）。这位明智的投资者建议我们投资所有股票。原因在于，如果你持续投资30~40年，投资什么都无所谓：你会挣到5%~8%并在退休时成为百万富翁。

约翰对为未来投资的最后一个建议是，上网了解"七倍法则"（The Rule of Seven），然后你就能明白复利的力量了。该法则假定你投资的钱每七年会翻倍。这种魔法（其实不是魔法，只是数学）会让你成为百万富翁。

---

① 401（k）是美国的一种特殊的退休储蓄计划，可以享受税收优惠。——译者注

随着继续阅读本书，你会看到这些白手起家的百万富翁都持这样一种看法：钱真的不是最重要的。然而，让我们面对现实吧：虽然钱给了这 30 位白手起家的百万富翁财务自由，但是做财务规划并按照规划量入为出也能增强你的经济实力。

掌控你的开销，而不要让开销掌控你。最重要的是，要知道如果你谨慎对待，"金钱就会是你的朋友"。

行动步骤： 通过制订财务规划掌控你的未来。

习惯 21
掌握自己的经济命运

创富定律 46

先留一笔钱给自己

你听过"先留一笔钱给自己"这句"睿智"的忠告吗?

如果你和大多数美国人一样对此闻所未闻的话,那就说明你没有遵从这个建议。实际上,26% 的美国人甚至连应急储蓄账户都没有,更不要说做到"留一笔钱给自己"了。[1]

你可能感到奇怪,在你甚至还没有为意外开销建立储蓄账户的时候,怎么能想到先留一笔钱给自己呢。

我来给你几个建议,如何在建立应急基金的同时留钱给自己。

如何建立应急基金

你可以从评估自己现有的固定花销开始。检查你目前的手机资费，看看可以减少使用哪些不常用的功能，以及每月因此省多少钱。问问你的汽车保险商，通过提高你的免赔额能省出多少钱。如果你有信用卡贷款，那不妨和银行职员谈谈，是否能申请一份合并贷款。你若每月只收到一份信用卡账单，那就不仅能感到压力较小，还可以少付一些利息，以便尽早还清贷款。

研究一下你每月的花销中哪些是"由你选择的"，包括外出就餐、娱乐活动和礼物。你不妨多自带午餐和在家就餐，减少开销。在你看到合适的生日礼物时就买下，而不是等到最后一分钟才买，还得多花钱。

重新评估一下你的住所。如果你目前租的是风景不错的两居室公寓，你可以考虑搬到风景差一点的一居室公寓住。这样你能省出不少钱，可以更快地建立你的应急基金并更快开始留一笔钱给自己。

你如果有汽车贷款，可以考虑把车卖了，并用卖车的钱付现金买一辆低档车。虽然你可能得放下骄傲，但当看到用每月省下来的 200～400 美元并在此基础上建立了应急基金，而不是花在像一辆豪车这样会贬值的东西上时，你会开心的。

在涨工资后，你把涨的部分直接存入你的应急基金里。无论你从每月固定可支配花销中省下了 30 美元还是 500 美元，都把它们存起来。

设定一个目标，在一定期限内存够 3～6 个月的生活费。要存出 6 个月的生活费可能得花点儿时间，但不必担心：你已经制订了总体计划，正在朝正确的方向前进。

开始"先留一笔钱给自己"

你不必等到建立起自己的应急基金，完全可以从下一笔收入开始为自己的未来做财务规划。做这件事最简单的方式就是请你的工资发放机构安排好，把你到手工资的一定百分比直接存入一个计息的储蓄账户。

大部分理财顾问建议，你把税后收入的10%留给自己。比如，假设你每月税后收入是2 400美元，每月分两次发工资。你可以要求你的工资发放机构把每笔收入中的120美元（或者每个月240美元）存入你的"留存"账户。想想看：一年后，你就存了2 880美元。你如果每年投资这么多钱——还不算你涨工资的部分，那用不了太长时间就能获得财务自由了。

此外，由于为自己的未来做出财务规划，你还会对自己的人生有掌控感。

行动步骤：现在就开始给自己留出一笔钱。

创富定律47
提前做购买计划

如果我必须从本书的创富定律中选出一个很多人还没学会的，那就是提前做购买计划。购物是很多人的解压方式，因此造成了冲动购买行为。我也曾经是其中一员！

你若读了引言，就知道我还不是一位白手起家的百万富翁。我还有 5 个定律要掌握，而定律 47 肯定就是其中一个。

在做出小额购买前，我不会很认真地考虑是否确有必要花这笔钱。正是由于这个原因，在 2017 年夏天动笔写本书时，我决心将提前做购买计划努力融入自己的生活方式。如今，在浏览我最喜欢的购物网站之前，我都会提醒自己我只是"看看"。我知道，对那些精明的推销技巧而言，我是一个绝佳的猎物，因此我索性就不看那些推销信息。

现在，去商场时，我会带上一张列明我需要买的东西的清单。我若看到什么想买的东西，就会写在下次购买的清单上，以便提早规划，从而训练自己提前做购买计划。

积极的结果就是最佳的激励。在我提前做购买计划的第一个月，我的信用卡账单就比前一个月减少了 25%（我是说这儿 40 美元，那儿 50 美元，加起来就这么多）。这已经让我有足够的动力坚持下去了。我把这些我原本会花在非计划购物上的钱拿出来，从活期存款账户转到另一个特殊的储蓄账户。

为什么几十年前没有人把这个成功定律塞进我脑子里呢？也许有人说了，但我没听。这是又一个成为白手起家的百万富翁需要掌握的定律！

你明白了吗？如果冲动消费已经在偷偷消耗你辛苦挣来的钱了，那么请你继续往下读。

打消购物冲动的五个方法

- 不要未列购物清单就出门逛街或上网购物。购物清单很重要。通过规划出你需要以及想要买的东西,你会节省更多时间和金钱。
- 列好购物清单后,检查两遍。复查清单,以确保你确实需要清单上列的东西。你多长时间买一次牙膏、面霜、方便卤肉饭,结果是不是发现你的储物柜或冰箱里还有没用完的?你若为买了你已经有的东西而感到懊悔,不妨重读一下创富定律 15(成为一个极简主义者)。
- 观察你省下多少钱。每个月月末,你都比较一下最近三个月你省下了多少钱,然后充分利用多余的钱,建立一个特别的储蓄账户。你会对一年中你能省出多少余钱感到惊喜的。
- 为抵制住花钱的冲动而奖励自己。每个月月末,通过查询消费记录,你算一算省下了多少钱。你若为不能纵情花钱感到难受,那就用你省下的钱的 10%~20% 奖励自己一张购物卡。通过采用这种行为改变策略,你就能结合两者的优点了。你也会更有可能把这种新的"提前做购买计划"的习惯变成你的生活方式。
- 要知道,你可能更享受购买的过程而非买到的东西。通过控制住自己花钱的冲动,你还可能会发现,买东西并非因为你需要这些东西。做出非计划性购买可能是你的一种解压方式，但只要想想你每月账单上要还的款更少，你的压力就会更小。

行动步骤： 如果某样东西不在你的购物清单上，你就能抑制住自己的购买冲动。

习惯 22

积累财富

创富定律 48

开发多种收入来源

普罗大众与白手起家的百万富翁或那些正在努力的人最大的区别在于,他们拥有的收入来源数量不同。

白手起家的百万富翁会一步一步地开创多种收入来源。因为一天就那么多时间,即使到了今天的地位,大多数成功人士还是有一个主动收入来源和至少两个被动收入来源。

不过,大多数人并没有意识到,这些人的有些做法与大多数美国人是截然不同的。他们努力工作开创多种收入来源,而你也可以做到这一点!

美国有超过一半的家庭都拥有股票,包括自动加入401(k)退休账户的职工们和自己操盘进行股票买卖的人。[1] 一项又一项研究表明，积累财富的最佳被动收入就是投资可以分红的股票。你还可以考虑以下这些途径：

- 雇主为你缴纳的社会保险金就是一笔白得的钱。
- 开创一份只需要投入你的说服能力、人力和少量预付金的本职外收入来源。
- 每个人心里都有一本书，而按需定制的出版社到处都有。

Bankrate.com 网站 2017 年 7 月 14 日在投资板块发表的一篇文章引用了美国国家税务局（IRS）的发现，人们的被动收入通常有两个来源：出租的收入或一项无须再投入什么便能获益的业务。对此的两个具体例子就是图书版税和分红类股票。[2]

如果你正在阅读本书，我请求你一定要重视定律 48。采取必要的行动开创多种适合你的收入来源，久而久之以此获得财务自由，这将改变你的人生。

在我人生的前 35 年里，我只有一项收入来源。第二至五项收入来源，一开始都是作为我用有限预算创办的咨询业务（定律 37：重塑自我）的营销工具创建出来的。

虽然我没有做营销的费用，但是我有胆识（作为黎巴嫩和叙利亚人的后裔，我胆识不错）。我构想出（定律 5：采用形象思维）[3]当地都市报上的一个"商务礼仪"专栏并成功开栏。

相信我：成功没那么容易。我坚持不懈地联系甘尼特公司的那份报纸，持续了9个月，几乎是求他们（定律33：不达目的不罢休）选用我的专栏。

在最终获得认可后，我决定去联系另外20家报纸。在两年时间中（定律21：坚持不懈），又有3份报纸选用了这个专栏。虽然收入微薄，但我很激动，因为我找到了一种产生三项额外收入的方式，只要撰写一个专栏并发表在4份周报上就行了。

报纸上的每周专栏又在其发行的城市中为我带来了当地的业务。不过，我决定要获得全国性的曝光（定律36：一切皆有可能）。我研究了拥有海外读者的商务杂志。我先打去电话（那是20世纪90年代的做事方式），然后寄给杂志社一封申请信及据其编辑要求而调整的3篇专栏样稿。随后再打去一两个电话跟进。在被拒绝30次后，一份全国性杂志选用了我的专栏。这一收入来源还让我的公司在国际上有机会曝光，使我的收入渠道进入四面开花的人生阶段。

除了对我的业务拓展有益，这些报纸和杂志专栏还打开了额外收入来源的大门。两年前，我构想了写书的事情，并且把它记在我的目标清单上（定律6：设定有意义的目标）。不过，当它出现在我面前时，我并没有意识到。后来成为亚当斯媒体公司（Adams Media）出版人的斯科特·亚当斯（Scott Adams），在《今日美国》（*USA Today*）报纸上读到了一篇关于我的公司的文章，并打电话问我是否可以提交图书提纲。

即将出版一本可以收版税的图书意味着又多了一项额外的收入来源。我那时还不知道，我的第一本书会在随后25年间激发我写了8本书。

收入渠道不仅带来现金，还能制造机会，使收入来源多样化。我的收入渠道让我个人买得起一栋楼，以及在外州的第二住所。

虽然我有这些收入来源，但对有些事我仍做得不好。我依然在努力工作，而不够精明。到了42岁，我还对做好未来财务规划的最重要的方式一无所知：设立一个退休账户。幸运的是，我终于建立了一个退休账户，并每年存入最大限额的资金。

不过，和很多人一样，我不敢通过投资股市来积累财富。我怕损失辛苦赚来的钱。因此，我没听从会计和投资顾问的建议，20多年里只是把钱存成存单，尽管理智上我知道这些存款的利息可能都赶不上通货膨胀带来的贬值损失。我对财务的无知以及对损失存款的恐惧占了上风。

最后，5年前，我看到了曙光并开始投资于股票市场。我在专业人士建议下搭建了平衡的投资组合，它证明了复利的力量如何创造财富。

我把自己的弱点告诉你的原因，是为了让你从我做错的事情中吸取教训。我希望你能明白，通过创建企业及兼职做很多只需要人力和少量资金的项目，你就能很容易地建立起多种收入渠道。我还希望你明白，正确的地产投资也能成为绝佳的收入渠道。

我希望你以我的无知为鉴，让你的下一笔收入以及之后的每笔收入获得最大限度的税费减免。最后，我希望你能开始把你的钱明智地投资于分红成长型股票，让你辛勤赚到的钱越变越多。

八个赚钱的建议

- 你如果对开拓收入渠道感到困难，想一想有没有赚点小钱用于投资的方式。你可以采用沃尔玛创始人山姆·沃尔顿（Sam Walton）的建议："大处着眼，小处着手"。
- 开始寻找容易实现的目标。比如，如果你的公司在401（k）计划的范围之内，那么你就要确保自己缴纳的费用能够得到最大限度的回报。
- 最大限度增加回款和其他赚钱的机会。大多数公司和其他公司有合作关系。比如，我的手机运营商能为我缴纳美国汽车协会会员年费。
- 网上购物时利用返现网站。你在定期购买物品时，可以先上www.topcashback.com 这样的网站，获得一定比例的购物返现。
- 把你家放在爱彼迎（Airbnb）上。
- 检查一下你的物品，把你不再需要或不想要的东西卖掉。
- 注册成为一名优步（Uber）司机。
- 买一处房产，与经验丰富的房产经纪人保持联系，让他们为你打理出租事宜。

行动步骤： 开始行动！

习惯 23

把专长变现

创富定律 49

开办企业

通过开办企业创造个人成功，托马斯·爱迪生是这么做的，安德鲁·卡内基（Andrew Carnegie）是这么做的，马克·扎克伯格是这么做的，杰夫·贝佐斯也是这么做的。这些企业家都是从头开始创办自己的企业。

- 根据 investfourmore.com 网站的统计，75% 的百万富翁都是自主创业的，尽管总体劳动力中只有 20% 的人自主创业。[1]
- 本书随机选择的 30 位白手起家的百万富翁中有 76% 开办了自己的企业：其中 6% 的人买下了一家成熟的企业，13% 的人在其专业领域位居高管或合伙人地位，有 1% 在艺术领域，从头开始创办企业的 90% 的人（27 位）是以下列三种方式之一为基础的。

——他们发现了对一种服务或产品的需求。

——他们围绕自己具备的一项谋生技能来开办企业。

——他们具有一种想为这个世界做出贡献的热情。

我给你举几个例子来说明本书中的几位白手起家的百万富翁们都是如何创办企业的吧。

明确一种需求

扎卡里·伯克博士，运营总监，乐司公司创始人，他是因为意识到快乐的员工的工作效率更高而创办这家企业的。乐司公司的服务包括一套正念训练项目，该项目能够提高员工的专注力、合作度、共情能力、快乐度及投入度。这位连续创业者在过去 30 年中创办了超过 20 家医疗保健公司。

把你具备的一种技能变现

CNBC 把贾森·菲利普斯称为"色彩大王"。贾森共花了 10 多年时间去构思自己的粉刷及家装业务的最佳商业模式，但值得高兴的是，他在 1997 年终于开办了菲利普斯家装公司。到 2017 年，贾森和他的 53 位雇员赚取了 1 100 万美元。

萨里安·布马开办了一家商务保洁公司，并雇用了 200 位员工。

她 1987 年之所以决定开办国会山楼宇维护公司，是因为她在兼职做保洁工作期间受到了客户的赞赏。

把热爱变成一桩生意

布鲁斯·辛德勒祖传雕刻手艺：他的祖父热爱雕刻银器和木器；他的父亲，一个坚定的完美主义者，是一个做家具的木工。布鲁斯骨子里的遗传基因，加上他的移居地阿拉斯加斯卡圭盛产木材，促使他迷上了雕刻有 35 000 年历史的猛犸象。结果，布鲁斯挥洒自己的热情，在 1995 年开办了辛德勒雕刻公司。

虽然开办一家企业让人兴奋，但你要知道，良好的职业操守（定律 8 和定律 9）和乐观的态度（定律 29）及本书讲述的其他创富定律，对于把你的小企业做大至关重要。如果你乐于接受挑战，那就开干吧！

创办一家企业的五个步骤

- 做好准备工作。你应研究那些提供你设想的产品或服务的本国公司。去问问那些企业的企业主，你能否免费和他们工作一段时间，通过学习积累开办自己企业所需的经验。（请参照定律 27：与你想要成为的人交往。）
- 约见擅长为小企业服务的会计师、律师和网站设计人员。你的会计师将帮你决定你应该建立哪种类型的公司：合伙制、有限责任公司、C 型股份公司还是 S 型股份公司。他们会准备必要的文件，并申请获取一个雇主识别号码（Employer Identification Number，缩写为 EIN），这对你的企业来说就相当于一个社会保险号。你的律师会准备好关于企业名称、执照及其他法律相关事务的必要文件。这些人在打造你的企业架构方面至关重要。

- 接受先投入后赚钱的现实。要知道，开办企业需要一定的启动资金。你若没有足够的资金支持你的企业，那可以考虑一开始只在晚上和周末的业余时间经营，以便保留一份全职工作。无论你怎么做，都要尽量减少你的负债。
- 雇用独立承包人。在一开始创办企业时，你可以"根据需要"雇用独立承包人。随着你的业务扩大，再雇用兼职员工。当业务收入足够多时，你再雇用全职员工。这样的雇佣方式可以帮你把管理费用最小化，也是保持低负债率的重要办法。
- 遵循"刚刚好"的购买原则。你应保持最低库存，在接到订单时再购买必要的产品和服务。成功的企业都遵循这个做法，因此你也应该这么做。

行动步骤： 在开办一家企业之前，你要先做好调研和计划工作。

习惯 24

考虑长远

创富定律 50
延迟短期满足

将寻常百姓与白手起家的百万富翁们区分开的重要特性，包括他们在购买习惯、对满足自身需求的态度及对未来的需求做规划等方面的差异。

享受短期满足的人往往把自己的购买决定建立在其情感需求（emotional want）的基础上。而能够延迟短期满足的人更会顾全大局，把购买决定建立在其需要（need）的基础上。他们会推迟自己的冲动型需求，以便更早完成自己的长期目标。

不幸的是，大多数人没有学到这个技巧。那些以前知道这个定律的人，在有人告诉他们延迟短期满足的重要性时可能没有听从，把注意力更多集中在自己的短期满足上。想想看你是哪一类。

你若只考虑短期满足，就会把实际工资的一大部分都花在你想要的东西而不是需要的东西上。这可能使你把收入的 90% 以上都花在如下几个方面。

- 买一辆一直想要的车。
- 租一套你一直都想住的公寓。
- 每周都外出就餐或点几次外卖。
- 在最高级的健身房而不是附近的活动中心健身。
- 每个季度都外出度假散心。
- 将网上购物作为减压方式，因为新东西能让你摆脱情绪低落。

这些听上去不错，对不对？的确如此，尤其是就短期而言。而与这种做法相反，你若是一个着眼于大局，因而能够延迟短期满足的人，就更符合以下这些描述。

- 你可能很喜欢那辆新型跑车，却也乐意接受祖父那辆转手给你之前已经开了 10 年的旧车。
- 毕业后你更想有一处自己居住的地方，不过为了给自己的第一套房子或公寓存首付，也乐意搬回父母家住。
- 你决定和其他三人合租一套公寓，以便省出 75% 的房租，存钱去买市里新建的公寓房。
- 一年计划一次假期，而不是经不住诱惑便不定期地跟着朋友进行临时起意的旅行。
- 上班期间安排几天自带午餐，另几天则跟同事外出午餐以便开展社交。
- 你在家做饭多于外出就餐或通过外卖平台点餐的次数。
- 在想穿新衣服的时候，你不妨将衣柜里的服饰重新搭配组合，权且把这个过程当作"逛商店"。

你若是第一类人，就是活在当下。但要是符合第二类行为，你会为长期的收益而延迟短期满足，最终你就可以掌控自己的生活和财富！

实际上，你已经掌握了创造个人成功最重要的定律：延迟短期满足！无论你自己是否意识到这点，你都为成为一名白手起家的百万富翁打下了良好的基础。

在三年前做一个"打磨自己，创造利润"的培训项目时，我非常清楚地发现，需要教给大家活在当下和为将来考量这两种生活方式的区别。那次培训的对象是一群在各自的行业中已经工作了一年的人。他们被挑选来接受培训，是因为各自的领导认为他们有成为未来领导者的潜质。

可是，在培训的前30分钟内，我就发现，这些人要攀登上各自公司艰难的领导阶梯，所需要的不仅仅是专业上的培训。要获得个人成功，他们还需要其他方面的一些重要指导。

我来给你讲讲具体的情形吧。

我询问参训者，他们开始全职工作以来完成的个人目标是什么。一个人说他买了一辆新车，而另一个人则说她现在住在她一直梦想居住的城区里。

第三个人——看上去是房间里最安静甚至有些木讷的人举手说道："我会从我的收入中每月存下1 000美元。"

我便询问他，在与房间里的其他同事起始工资相当的情况下，他是如何做到这点的，他说：

> 我的目标就是成为一名百万富翁。我曾经读到的一篇文章说，要实现这个目标，我就得延迟目前的需求。所以，虽然我常常面对一些诱惑，但我坚持每周只有一天跟朋友外出午餐，其他四天都自带三明治。我在家做咖啡，而不是到外面买。我到狗狗收容所当志愿者，以此作为业余活动。我衣柜里有基本的职业装，我会计划买什么，然后在生日或节日时请别人把我需要的东西当礼物送给我。

我当时非常震惊！在我听来，他正在成为一个白手起家的百万富翁。

他是个有远见的人：成为一名百万富翁。他有一个写出来的短期目标：每个月存1 000美元（这不是笔误：每个月1 000美元！）。而且，这个目标正在实施中。

他能够放弃眼前的需要，关注长期的目标，因此他自带午餐，并且自己做咖啡,而不是在上班路上花 5 美元买一杯咖啡。

无论他自己是否意识到了,他甚至还通过在狗狗收容所做志愿者传递爱心。

房间里的其他人——也包括他的经理——都对他的话感到惊叹。我也一样!事实上,他的话对我撰写本书起了决定作用。

除了为获得职业上的成功而接受培训,我意识到,我们未来的商业领袖及我们的千禧一代还应该了解一些获得个人成功的定律。换句话说,他们应该通过了解百万富翁比大部分人强在哪儿,学会如何在人生中获取他们想要的东西。

因此你可以知道,短期满足符合你当下的情感需求。但如果你退一步,从长期来看一个短期决策有什么影响,你就会对此三思而后行。

你要避免屈从于短期满足和短期思维,要养成为长期目标而努力的习惯。

白手起家的百万富翁们有长远的眼光。他们往往都能着眼大局并由此明确他们想要达成的目标。

延迟短期满足的三个方法

- 评估一下你目前的购物习惯。写出你最近买的三样东西,买这些东西是为了满足你的短期需求,还是真的需要?
- 分析一下你之前的三项短期满足的购买行为对你目前的生活

有什么价值。它们是为你的生活增添了价值，还是一种减轻繁重工作压力的方式？

- 下决心延迟将来产生的短期需求。在做出购买决定前要慎重考虑，扪心自问那项购买是否会让你离自己的长远个人目标更近一步。

行动步骤： 在购物时，你先评估自己想要买的那些东西对你实现长远目标有什么帮助。

习惯 25

享受努力实现目标的过程

创富定律 51

了解钱不是最重要的

我的"教父"菲尔舅舅在 20 世纪 40 年代到 60 年代经营着一家小街角杂货店。在 20 世纪 40 年代,人类还没有用上信用卡这种东西,因此菲尔舅舅的顾客买东西时总是付给他现金。

我妈妈告诉我,菲尔舅舅没有把钱存进银行,而是把钱放在一个保险箱里,就在他的房间里。此外,他还把钱藏在厨房水池底下的咖啡罐里、冰箱里、地垫下面、阁楼上,以及任何你能想象到的地方。那简直是小偷的天堂——要是他们知道的话!

虽然那时我只有 12 岁,但我永远不会忘记菲尔舅舅和我们一起吃的那顿感恩节晚餐。当时,我们都围坐在餐桌边上吃甜品,菲尔舅舅和我父母正在缅怀"过去的好日子"。我们都知道菲尔舅舅时日无多了，因为他几个月前被诊断出癌症晚期。

我妈妈问他："菲尔，要是你能重活一次，你会改变哪些做法？"我永远不会忘记菲尔舅舅的回答："我忘了享受生活。"

我们要面对现实：金钱能买到轻松、奢侈的生活，当然也提供了充分享受生活的机会。但是，这就足够了吗？

正如你在以下这些话语中将看到的，有一些东西是金钱买不到的。以下是本书中的9位白手起家的百万富翁所说的话。

别过于看重你在经济上的成功。再多的钱也不值得牺牲你的家人、朋友甚至你自己的健康和快乐去换取。

——布鲁斯·辛德勒

别在意"百万富翁"这件事。你若抛开这个想法，只专注于创造和行动，就会更快达到那个目标。你做的任何事都不应该只是为了赚钱，否则你要么失败，要么最终也得不到快乐。

——布莱恩·王

别总想着钱，快乐是最重要的事。你要找到一个职业，既能促进你成长，又能让你增长学识。这样的话，即使你挣不到钱，也仍然会获得成就感。世界上有很多不快乐的百万富翁。

——比尔·邓恩

不要关注几百万之类的数字,而要关注你运用自己的独特天赋和力量能够贡献什么。这才是关键。

——沙马·海德

不要只关注钱。要专注于工作效率,并在工作中享受你的生活。

——史蒂夫·亨布尔

不要只关注钱,要做你热爱的事业。在你成功后,不要只顾自己享受,要去照顾其他需要帮助的人。

——邦尼·莱特西

对自己要有耐心。罗马不是一天建成的,你也不会一夜成功!慢慢来。要确保你有充实的精神生活,花时间关心你的精神和情感生活。这些比你认为的更重要。要做一个好人。

——加里·M

钱买不来爱或快乐,长期关注钱多钱少只会让事情更复杂。

——乔·帕尔科

永远不要把赚钱当作唯一的动力之源。

——约翰·M

行动步骤： 把你目前拥有的但用钱买不到的东西写出来，同时把你希望拥有的这类东西也写出来。

创富定律 52

你已经有渔竿了，现在去钓鱼吧

你如果读到这一页了，就快要读完《百万富翁比你强在哪儿》这本书了。

你已经知道了成为一名白手起家的百万富翁的全部定律，现在是你去付诸实践的时候了。你可以采用以下的五步法来开始实践。

成为白手起家的百万富翁的五步法

- 翻到 231 页，写出这 52 个创富定律中你已经做到的每一个。比如，你如果定期锻炼身体，就可以写上"创富定律 25：为健康而运动"来对自己表示肯定。或者，你若开始一个项目时会毫不松懈，尽一切可能去完成它，就可以写下自己已经实现"创富定律 21：坚持不懈"。
- 现在，在 232 页写出你还没有掌握的那些定律。比如，你若还没有掌握的定律之一是"创富定律 10：学会掌控时间"，而你之所以这么认为是因为你经常迟到，那就把这个定律写在"我尚未掌握的创富定律清单"上。或者，你若在购物时总是做出计划外的购买决定，就把"创富定律47：提前做购买计划"写下来。

- 接下来,把那些需要努力变成自己日常行为的定律做个排序。你每次努力掌握一个创富定律，并尝试去享受这个过程。
- 在每个尚未掌握的定律旁边，写出你会改变目前的哪些做法。比如，要是迟到，你就写"我会把必须出门的时间写下来，而不是必须到达某处的时间"。你若在逛商店、网上购物或去大商场时是个冲动型购买者，就写下这句"我只买自己购物清单上的东西"并遵守自己做出的承诺。
- 表扬自己做得好的地方。每当发现自己改变了一种行为时，你都记录下来，以示对自己的祝贺。比如，你若正在努力掌握"创富定律10：学会掌控时间"，并且准时（或较早）到达了目的地，就可以写"通过记录我必须出门的时间而不是我必须到达目的地的时间，我学会了如何掌控自己的时间"，以此来表扬自己。

行动步骤： 针对那些你还没掌握的创富定律，设定一个将它们纳入你的日常活动的起始日期，再设定一个你有信心将它们变成生活习惯的现实的结束日期。

后 记

感谢你在百忙之中抽出时间读完本书。我希望本书激励了你，能提高你的预期目标。

我期待得到你的反馈，告诉我本书对帮助你成为白手起家的百万富翁起到了哪些作用。请记住，老子说过："千里之行，始于足下。"由于我确定你已经掌握了这 52 个创富定律中的一部分，所以你能看到目标并不遥远。

撰写本书对我来说是一次真正的锻炼。虽然应该是作为读者的你去发现创造个人成功的 52 个创富定律，但我必须告诉你，这也使我离白手起家的百万富翁这个目标更近了一步。

随着我撰写全书内容，我一直在记录自己已经融入日常生活的那些定律，同时我也再次关注下列 5 个我还没有掌握的定律。

- 定律 14：每天学点新东西。现在，我每天特意利用在跑步机上运动的时间或开车途中的时间去听一段 TED（非营利演讲平台，专注于技术、娱乐和设计）演讲或其他音频。

- 定律 25：为健康而运动。我已经下定决心每周 5 天自己运动或跟着教练运动 30 分钟。
- 定律 41：心存感激。我买了一本感恩日志，并在每天晚上上床睡觉前写下当天发生的我感激的事。
- 定律 46：先留一笔钱给自己。我把一个储蓄账户和我的工资发放服务关联在一起，这样我工资的 10% 会自动存入那个账户。
- 定律 47：提前做购买计划。我已经有意地在上网购物或去商店之前列好购物清单，并且不买清单以外的东西。

我已经设定了一个到达白手起家的百万富翁这个终点线的具体日期：2020 年 1 月 30 日。这样我就有 19 个月的时间去把这些定律融入我的日常生活。

你怎么样？请告诉我，你还有哪些定律需要去掌握，以及你给自己定下的成为白手起家的百万富翁的期限是何时？

欢迎你给我发电子邮件。我很乐意回答你在创富的过程中产生的任何具体问题。我也很乐意把这些问题发给本书中这些白手起家的百万富翁们，他们可能会带领你前进。

请记得享受这个过程，和享受到达终点一样。

安·玛丽·萨巴思

www.annmariesabath.com

附 录
贡献者简介

吉姆·亚伯拉罕

这个出生于叙利亚移民家庭的人生性沉默寡言，不过在 60 多岁时成了一名房地产大亨。他的第一份工作是在进入米施卡糖果咖啡店内工作之前打扫地板和卖爆米花，最终他买下了这家店。

吉姆每次在为焦糖海龟甜点蘸巧克力时都会念叨"两美分，两美分"，就这样积少成多。在 30 多年间，他用制作和销售糖果赚到的钱买下了俄亥俄州阿默斯特市一小块一小块的土地以及周边地区。他购买的土地最终变成了商业地产的黄金地段。吉姆·亚伯拉罕的故事由他的女儿在定律 37（重塑自我）中讲述给我们。

扎卡里·伯克

扎卡里·伯克博士，运营总监，是乐司公司的首席快乐官。

这是一家位于纽约的创新软件公司，把科技、数据和服务结合起来帮助企业了解其雇员是否快乐和投入。扎克在 45 岁时成为一名白手起家的百万富翁。这位连续创业者已经参与创办了超过 25 家公司。

定律 2（明确成功对你意味着什么）、定律 30（保持快乐）、定律 49（开办企业）以及后文"百万富翁敬告未来的百万富翁"中都提到了他。

萨里安·布马

萨里安是《百万富翁的救赎：胜者之心》的作者。她在 35 岁左右时成了一位白手起家的百万富翁。这对一个 19 岁时从非洲塞拉利昂来到美国、5 年内仅靠救济生活的人来说相当不错了。在萨里安发现她没有足够的食品券给自己的宝宝买牛奶时，是她的坚韧给予她掌控自己人生的力量。

萨里安内心的力量和信念帮助她树立信心，忘记所有不幸，并为重新就业接受培训。在当过服务员后，萨里安被培训成为银行柜员，后来成为信用社经理。1987 年，萨里安创办了总部位于马里兰州列克星敦公园的国会山楼宇维护公司。在 20 年间，她雇用了超过 200 名员工。除了培训他们的工作技能，萨里安还教他们昂首挺胸做人。萨里安的故事是定律 7（掌控自己的人生）的一部分，在定律 10（学会掌控时间）、定律 32（挑战自我）和定律 49（开办企业）中也有提及。

汤姆·科利

汤姆是一名注册会计师、金融理财师,并拥有税务专业硕士学位。他在 54 岁时成为白手起家的百万富翁。汤姆把他的成功很大程度上归功于梦想设定——创造一幅你理想化的未来生活的蓝图,然后去追寻梦想背后的具体理想和目标。定律 2(明确成功对你意味着什么)、定律 5(采用形象思维)、定律 13(活到老学到老)和定律 20(把失败转变成机遇)中都提到了他的故事。

汤姆写了 4 本关于富人习惯的书。他最近的一本书《富人的习惯,穷人的习惯》(*Rich Habits Poor Habits*)于 2017 年 10 月出版。

查克·切卡雷利

查克是位于美国西北部爱达荷州芒廷霍姆的沟渠拖车公司(www.intheditch.com)以及利高公司(Rimco Inc)的所有者和总监。这位企业家还是一种牵拉装置 SidePuller™ 的发明者。他成功的基础有两项:良好的职业操守及坚定的决心。他这家年营业额达 2 400 万美元的公司有 8 位全职员工。虽然查克没有接受过正规教育,但他一直在向最好的老师学习。查克让自己身边围绕着导师,并且把最适合他自己和公司的建议付诸实践。查克在近 50 岁时成了白手起家的百万富翁,"百万富翁敬告未来的百万富翁"和定律 28(找到一位智囊团顾问)中都提到了他。

罗杰·德罗斯

罗杰是凯斯勒基金会（www.kesslerfoundation.org）的 CEO，凯斯勒基金会是美国帮助残障人士的最大的公共慈善机构之一。罗杰生活中的一个重要部分就是保持身材。定律 2（明确成功对你意味着什么）、定律 25（为健康而运动）、定律 43（回馈社会）及"百万富翁敬告未来的百万富翁"中都提到了他。罗杰是在 45 岁左右成为一名白手起家的百万富翁的。

比尔·邓恩

比尔过去 30 年来一直在位于南卡罗来纳州查尔斯顿市的普华永道国际会计师事务所工作。他在 30 多岁时成了一名白手起家的百万富翁，这让他有财力去做能让他感到快乐又没有金钱或其他方面压力的事。比尔非常重视做慈善。定律 2（明确成功对你意味着什么）、定律 43（回馈社会）和定律 51（了解钱不是最重要的）中都讲到了他的故事。

劳拉·菲茨杰拉德

作为一名"土地和矿产所有人"，劳拉（其公司网址为 www.iliosresources.com）参与的是"男性的游戏"——寻找、购买、销售、代理以及出租矿业权（石油和天然气）土地。从 2004 年起，劳拉积累了超过 4 万英亩的矿业权土地，这些土地为她赚取了上百万美元。劳拉常常对别人说："我为别人赚了上百万美元，也能为你赚上百万美元。"劳拉的故事在定律 4（相信自己）中讲到了。

安迪·伊达尔戈

安迪是 H/ 电池能源公司（OTCQB[①]：HCCCC；www.hcellenergy.com）的主席和 CEO，公司总部位于新泽西州弗莱明顿。H/ 电池能源公司是一家清洁能源公司，为全世界的商业机构和政府部门服务。安迪生活节俭，在 46 岁时成为一名白手起家的百万富翁。定律 1（建立百万富翁的思维方式）、定律 2（明确成功对你意味着什么）、定律 20（把失败转变成机遇）和定律 44（留出盈余）中都提到了他。

史蒂夫·亨布尔

史蒂夫 2004 年创办了创意家居工程公司（www.hiddenpassageway.com）。这家独特的工程公司擅长为国内外的富人家庭设计和建造极其隐秘的隐藏式机动车道和保险库门。史蒂夫在 38 岁时成为一名白手起家的百万富翁。他把自己能够一边克服困难一边发展业务归功于一种积极的态度。定律 2（明确成功对你意味着什么）、定律 29（保持乐观）、定律 42（重视你的个人生活）、定律 44（留出盈余）和定律 51（了解钱不是最重要的）中都提到了他。

---

① OTCQB 是美国场外交易市场（OTC）中的中型交易市场，此处指 H/ 电池能源公司在 OTCQB 的代码为 HCCCC。——译者注

沙马·海德

沙马在 27 岁时经营着一家资产价值达数百万美元的公司。沙马出生于印度，9 岁时来到美国。她发现强烈的决心使她能够在陌生的环境中崛起。

沙马（www.shamahyder.com）创办了营销禅集团，一家全球网上营销和数字公关公司。她被《企业家》（*Entrepreneur*）杂志称为"营销界的禅宗大师"，被《快公司》网站 FastCompany.com 称为"千禧一代宇宙主宰"。沙马还被评为全美 100 位顶尖年轻企业家之一，并获得了白宫和联合国的表彰。她的金玉良言被写入定律 36（一切皆有可能）和定律 51（钱不是最重要的）中。

劳拉·科兹洛夫斯基

多亏劳拉·科兹洛夫斯基授权给她非常得力的助手的能力，她才能成为全美最大的抵押贷款公司之一中业务量最多的贷款员。40 多岁时，劳拉在这个岗位上成为百万富翁。劳拉把她的成功归功于能合理利用时间，把自己的精力集中于开拓业务而不是置身于业务中。定律 18（授权）及"百万富翁敬告未来的百万富翁"都提及了她。

尼克·科瓦切维奇

尼克是新兴的合法大麻行业的先锋。这位企业家和他的合伙人 2010 年开办了库什瓶公司（www.kushbottles.com），这是一家包装及辅助产品分销公司。尼克不仅是一位优秀的运动员，还是一位学霸，曾以优异成绩从西南浸会大学毕业。作为 CEO，尼克带领库什瓶公司于 2016 年上市。尼克在 27 岁时成为一名白手起家的百万富翁。尼克成功的定律之一就是不断挑战自我，也就是定律 32。定律 2（明确成功对你意味着什么）、定律 32（挑战自我）和"百万富翁敬告未来的百万富翁"都提到了尼克。

邦尼·莱特西

邦尼和她的丈夫里克（Rick）二人共同在佛罗里达州的奥基乔比创建了佛罗里达鳄鱼纪念品公司（www.floridatrophygators.com）。作为三代鳄鱼猎人及产品加工者中的第二代，他们在 60 多岁时成为白手起家的百万富翁。邦尼和里克的企业非常独特，他们购买、加工鳄鱼产品并制作鳄鱼标本。他们非常重视帮助其他有需要的人。邦尼的至理名言在定律 2（明确成功对你意味着什么）、定律 10（学会掌控时间）、定律 41（心存感激）、定律 42（重视你的个人生活）及定律 51（了解钱不是最重要的）中都有提及。

康妮·洛伦茨

康妮·洛伦茨是从一所很多人都没获得适当资格的学校毕业的：残酷的现实学校。她认为成功就是在收到账单时有足够的钱能够支付。在佛罗里达州奥兰多的一家沥青公司做秘书和会计员期间，康妮无法理解为什么一家盈利的公司付不起账单。她发现公司总裁在挪用资金。在协助外州的股东让公司实现收支平衡后，她得到了这家公司。康妮在 43 岁时成为一位百万富翁，但直到她 48 岁时才得知这件事。她的故事在定律 9（诚信做人）中讲到了。定律 2（明确成功对你意味着什么）、定律 10（学会掌控时间）以及"百万富翁敬告未来的百万富翁"也提到了她。

杰布·洛佩斯

杰布出生在菲律宾，他的梦想就是到美国生活。大学毕业后，他在华盛顿特区的美利坚公司（America）从事 IT 工作，但他发现这个职业并不适合他。2011 年杰布创办了滚轮有限责任公司（www.wheelzupnow.com），这是一家为当地市区的汽车经销商和维修店配送汽车零件的企业。杰布在 43 岁成为一名百万富翁。杰布的忠告出现在定律 19（承担适当风险）、定律 42（重视你的个人生活）以及"百万富翁敬告未来的百万富翁"中。

加里·M

加里是一个爱尔兰天主教家庭中七个孩子中的老三。他作为家族中第一名大学生考取了哈佛大学，并以优异成绩毕业。除了从 2005 年起被《新泽西月刊》（*New Jersey Monthly Magazine*）认为是一位"超级律师"外，他还在 1993 年得到了新泽西州最高法院的认证。加里信奉的创富定律之一就是建立一种和所有人交朋友的习惯。他在定律 39（尊重他人）和定律 51（了解钱不是最重要）中都有被提及。

约翰·M

约翰是一位成功的青少年企业家，在 20 世纪 90 年代创办并经营了一家科技公司。他 17 岁就取得了白手起家的百万富翁地位。多年后，他就职于两家最大的投资银行，之后决定搬到洛杉矶去从事电视行业的工作。定律 2（明确成功对你意味着什么）、定律 4（相信自己）、定律 51（了解钱不是最重要的）及"百万富翁敬告未来的百万富翁"都提到了约翰。

乔·帕尔科

1994 年，乔和他的合伙人斯科特·圣菲利波共同创办了 www.TheFerretStore.com 这家宠物用品零售电商公司。2006 年，这家公司被卖给了福斯特和史密斯博士公司。乔 25 岁时成了一名白手起家的百万富翁，他把自己的成功归功于学会了如何保持经营的灵活性。定律 38（接受改变）和定律 51（了解钱不是最重要）都对他有所提及。

贾森·菲利普斯

贾森是菲利普斯家装公司（www.phillipshomeimprovements.com）的所有人，这是一家位于得克萨斯州普莱诺市的粉刷及家装公司。

他在 30 多岁时成为白手起家的百万富翁，这家公司共雇用了 150 多位员工。对于一个 20 年前兜里只剩 2 美元的人来说，这相当不错了。定律 17（建设团队）、定律 24（让爱传递）、定律 42（重视你的个人生活）和定律 49（开办企业）中都讲到了贾森。

约翰·皮尔斯

约翰是施蒂费尔（Stifel）公司招聘部的领导，这是一家有 125 年历史的财富管理公司。约翰在 40 多岁时成为一名白手起家的百万富翁。约翰成功的定律之一就是抽出时间思考。他在定律 2（明确成功对你意味着什么）、定律 26（花时间思考）、定律 45（为自己做好财务规划）及"百万富翁敬告未来的百万富翁"中都有被提及。

米基·雷德瓦恩

这位脚踏实地、个性丰富的得克萨斯人创办了动力电缆控股公司，这家公司的 3 家附属公司也都属于他，它们敷设了遍布美国和墨西哥两国长达数千英里的光纤电缆。

虽然这位得州老好人在 2002 年退休了，并在 30 多岁时就靠个人奋斗有了好几百万美元的身家，但他就像仍然靠工资谋生那样继续工作，并志愿在多家企业和组织免费出任董事会成员或其他职位。对于那个曾在贫困家庭长大、好几次几乎没饭吃的男孩来说，这已经非常成功了。定律 2（明确成功对你意味着什么）、定律 34（创造幸运）、定律 42（重视你的个人生活）及"百万富翁敬告未来的百万富翁"中都讲到了米基。

德鲁·里斯

德鲁是流行墨水公司（www.popular-ink.com）的总裁和 CEO，这是一家位于得克萨斯州麦金尼市的公司，在占地 7 万平方英尺、一周 7 天、24 小时运转的厂房中雇用着 50 多位员工。德鲁为了让公司起死回生、摆脱债务危机，曾经连续 5 天开车到全国各地拜访潜在客户，睡在没有取暖设备和空调的工作地点。在 20 多岁成为一位白手起家的百万富翁时，德鲁认为自己经历的这一切都是值得的，也知道需要付出什么才能把工作做好。德鲁是《障眼法：一个创业者的锦囊》（*Sleight of Hand: An Entrepreneur's bag of tricks*）一书的作者。定律 10（学会掌控时间）、定律 35（行动起来）及定律 45（为自己做好财务规划）中都提到了他。

克丽丝滕·苏扎

克丽丝滕和她的丈夫乔有一个使命：把夏威夷问候语"Aloha"传遍音乐界。他们通过创造世界上最绝妙的夏威夷产尤克里里来做到这点。他们在夏威夷的卡内奥赫创办了卡尼里阿尤克里里公司（www.kanileaukulele.com）。克丽丝滕 2007 年成为一位白手起家的百万富翁。这两位都是尤克里里手工制琴业的翘楚，净赚 700 万美元。克丽丝滕成功的定律之一就是保持专注。她在定律

12（专注）中分享了这个特征的重要性。

艾伦·S

艾伦在纽约爱乐乐团工作了 35 年。他在 9 岁时找到他最热爱的事：演奏小提琴。艾伦在 60 多岁时成为一名白手起家的百万富翁。他在定律 2（明确成功对你意味着什么）、定律 5（采用形象思维）、定律 28（找到一位智囊团顾问）及定律 32（挑战自我）中都被提及了。

史蒂夫·S

史蒂夫作为一位成功的纽约律师，他努力工作去获取他所重视的东西。史蒂夫工作勤勉、供养家庭的同时不违背个人准则。他的至理名言在定律 42（重视你的个人生活）中被提到了。

布鲁斯·辛德勒

布鲁斯通过追寻猛犸象赚到了第一个一百万。他在大学毕业后找到了内心热衷的事物并搬到阿拉斯加的斯卡圭。

布鲁斯（其公司网址为 www.schindlercarvings.com）雕刻并修复那些有 35 000 年历史的象牙化石，并销售到画廊和博物馆。尽管在贫困的环境中长大，布鲁斯成功的定律是花时间和他看作榜样的人在一起。布鲁斯在定律 27（与你想要成为的人交往）、定律 28（找到一位智囊团顾问）、定律 42（重视你的个人生活）、定律49（开办企业）、定律51（了解钱不是最重要的）及"百万富翁敬告未来的百万富翁"都有被提及。

麦克·维特尔

麦克是位于佛罗里达州代托纳比奇市的汽车工场（www.MTVconcepts.com）的所有人。他对各种新奇的汽车的痴迷始于他那段在德国、意大利、土耳其和法国的成长经历。他在上大学时就拥有了自己的第一辆兰博基尼（Lamborghini）。他拥有并改进了每一种市面可见的汽车。麦克在40岁时成为一名白手起家的百万富翁。他的力量来自不惜一切完成工作的精神。定律2（明确成功对你意味着什么）、定律10（学会掌控时间）、定律21（坚持不懈）及"百万富翁敬告未来的百万富翁"都提到了他。

詹姆斯·蒂莫西·怀特

詹姆斯在16岁时成为一名白手起家的百万富翁。12岁时，他在加拿大创建了他的第一家公司，并经营成为一家价值数百万美元的企业。像很多成功的创业者一样，詹姆斯经历过破产。他说服自己的家人投资了他的下一家企业，这家房地产企业让他成为法兰克福证券交易所上市公司中最年轻的CEO。他让人们认可他的策略在定律33（不达目的不罢休）中讲到了。定律2（明确成功对你意味着什么）及"百万富翁敬告未来的百万富翁"也提到了他。

布莱恩·王

布莱恩是一位在加拿大出生的华裔互联网企业家。他在温哥华长大,14 岁高中毕业,18 岁大学毕业。布莱恩 19 岁时创办了自己的移动广告公司 Kiip。2017 年,他在 21 岁时成为一名白手起家的百万富翁,他的企业年营业额为 2 000 万美元。布莱恩的成功策略之一就是找到很多有能力的员工。定律 17(建设团队)和定律 51(了解钱不是最重要的)都讲到了他的创富故事。

百万富翁敬告未来的百万富翁

首先，投资你自己，让你在某方面特别擅长。其次，找到一份你热爱的工作。再次，做事情做到最好。然后，达到一个目标工资水平后，把多出的薪水用于投资。最后，别忘了"回馈社会"，你会以今天无法估量的方式得到回报的。

——罗杰·德罗斯

相信你自己，不要相信别人说你不行的话，因为只要你真心想要做到，你就能做到！

——康妮·洛伦茨

成功有很多形式，不要太看重经济上的成功。无论多少钱都不值得牺牲家人、朋友及你自己的健康和幸福。也就是说，努力工作！坚持追求成功。接纳自己的缺点，接纳自己的失败，特别是你个人性格中的缺点。没有人是完美的，也不要为你自己的问题责怪别人，接纳这些缺点与不足，从而真实地生活。你的正直就是你最大的财富，让它为你赋能。不要惧怕成功，不要为你自己的天赋感到害羞，也不要限制天赋，这也是我一直面临的挑战。限制自己只会限制你必须付出的努力。

——布鲁斯·辛德勒

永不放弃，学会如何更有效地倾听，从失败中吸取教训，不要畏惧冒险，并且在努力过程中享受乐趣。

——约翰·皮尔斯

无论做什么，你都要积极主动，而不是被动应付。事事想在前面！在生活和职场上，你得到的一切并不是你应得的，而是通过沟通或者说是谈判得到的！有时输就是赢，就像跟你妻子吵架，输了又何妨？渴望获得财富完全正常，但要是你还想获得幸福，你就要在二者间找到平衡。

——米基·雷德瓦恩

学会牺牲，放弃婚礼、假期、和朋友外出游玩，深居简出，专注于你的业务和销售——生意总是第一位的。无论支票数额多大都要签字，并找一位在你的行业内有丰富经验的好律师。

——詹姆斯·蒂莫西·怀特

我给任何正踏上财务自由之路的人的忠告就是，别人能做到的，你也绝对能做到。任何其他白手起家的百万富翁所拥有的工具，你也有，因此没有任何理由认为你不能获得同样的成功。与你想要成为的人交往。根据我的经验，你会从你亲近的人身上学到很多，对双方都是如此，因此我尽量避免消极心理，尽量不和很懒的人交往，而且总是会考虑是谁给出的建议——做得还不如你的人是无法给你提出有帮助的建议的。

——麦克·维特尔

要我说，如果成为百万富翁是你的目标，那你得重新考虑一下自己的价值观。我觉得你应该找到能给你激励的事物并去追求。即使某些你不喜欢的事能让你挣很多钱，你也没办法一直做下去。

——查克·切卡雷利

无论发生什么，你都要像一头犀牛那样勇往直前！

——杰布·洛佩斯

你会像过山车那样经历起起伏伏，不要让自己爬得太高，也不要落得太低，一定要感激你能够学习、成长和创造的每一天。

——尼克·科瓦切维奇

追逐梦想——先发现让你兴奋并能发挥你的天赋的事物，然后就用你的余生去实现那个梦想吧。

——汤姆·科利

感激你做事的正确态度。你若觉得这么做很难，就给自己发一些简单的消息，说说每天发生的好事。今天太阳仍在照耀，就是在提醒人们保持微笑和感恩。

——劳拉·科兹洛夫斯基

要知道，成为一名百万富翁并不能让你快乐。一定要花大量的时间专注于你的个人发展。

——扎克·伯克

你一定要比任何人都更加相信你自己。无论你多少岁，背景如何，没人会比你更支持自己的追求。要想找到通往成功的道路，你必须勇敢面对一次次的失败。你要尽量吸取自己想要从事的行业的知识，永远不要让金钱成为唯一的动力。在很多层面上，你都能感受到成功和回报。

——约翰·M

注　释

前　言

1. Elena Holodny, "The US Is Millionaires Faster Than Anywhere in the World–But It's Not as Impressive as it Sounds," *Business Insider*, November 16, 2017.
2. "Most Millionaires Self-Made, Study Says," *Financial Advisor*, June 13, 2013, *fa-mag.com*.
3. Thomas Stanley, *The Millionaire Next Door* (Taylor Trade Publishing, 1996).

习惯 3

1. Alyssa Pry, "How to Meet Your Money Goals by the End of the Year," Yahoo Finance, October 13, 2017, *https://finance.yahoo.com/news/meet-money-goals-end-year-150953867.html*.

2. Mark McCormack, *What They Don't Teach You at Harvard Business School* (Bantam, 1986).

习惯 6

1. Thomas C. Corley, *Change Your Habits, Change Your Life* (North Loop Books, 2016).
2. Andrew Perrin, "Book Reading 2016", Pew Research Center website, September 1, 2016, *www.pewinternet.org/2016/09/01/book-reading-2016-09-01_book-reading_a-01/*.

习惯 7

1. Teresa Bullock Cohen, interview with the author.

习惯 8

1. Billy Epperhart, "How and Why Good Leaders Delegate," *billyeppert.com* blog, July 17, 2017.

习惯 9

1. Ryan Jorden, "What Are the Real Small Business Survival Rates?," *www.linkedin.com*, September 15, 2014.
2. Thomas C. Corley, "How Long Does it Takes to Become Rich?," *RichHabits.net*, February 17, 2015.

3. Karin Lenhardt, "29 Valuable Facts About Millionaires," Fact Retriever website, December 27, 2016, *www.factretriever.com/millionaire-facts*.

4. Eden Ryl, "You Pack Your Own Parachute" DVD (Ramic Productions, 1974).

习惯 10

1. Ralph G. Nichols and Leonard A.Stevens, "Listening to People," *Harvard Business Review*, September 1957.

习惯 11

1. Ryan Jaslow, "80 Percent of American Adults Don't Get Recommended Exercise," CBS News, May 3, 2013.

2. Deborah Kotz and Angela Haupt, "7 Mind-Blowing Benefits of Exercise," *U.S. News & World Report* website, March 7, 2012, *https://health.usnews.com/health-news/diet-fitness/slideshows/7-mind-blowing-benefits-of-exercise*.

3. Jack Bosch, "Do You Schedule Time to Think?," *ForeverCash.com*, April 24, 2014.

习惯 12

1. Robert T. Kiyosaki and Sharon Lechter, *Rich Dad's Cashflow*

Quadrant: Rich Dad's Guide (Warner Books Edition, 1998).

2. William E. Leuchtenburg, *Franklin D. Roosevelt and the New Deal*, 1932-1940 (New York: Harper Colophon Books, 1963), p.32.

习惯 13

1. Geoffrey James, "How an Upbeat Attitude Make Success Simple," Inc.com, August 29, 2014, *www.inc.com/geoffreyjames/an-upbeat-attitude-makes-success-simple.html.*

2. Benjamin Hardy, "The Secret to Happiness Is 10 Specific Behaviors," *Observer.com*, July 6, 2015.

3. Yale Middleton, "61 Dominant Serena Williams Quotes," Addicted2Success website, February 10, 2016, *https://addicted2success.com/quotes/61-dominant-serena-williams-quotes/.*

习惯 14

1. Sandra Grauschopf, "Want to Get Lucky? Use These 8 Proven Methods to Boost Your Luck," The Balance website, August 6, 2017, *www.thebalance.com/improve-your-luck-8-ways-to-attract-good-luck-880886.*

习惯 15

1. Christian Trampedach, in reply to "What Is the Percentage of

Immigrants to the United States That Make it to Millionaire Status?," Quora website, February 8, 2017, *www.quora.com/What-is-the-percentage-of-immigrants-to-the-United-States-that-make-it-to-millionaire-status*.

习惯 18

1. Scott Wilhite, *The 7 Core Skills of Everyday Happiness* (Whispering Voice Books, 2016).

习惯 20

1. Charles Hamowy, *Financially SECURE Forever* (HCA Con-sulting, Inc., 2013).

习惯 21

1. "How Does Your Emergency Fund Compare? New Stats Reveal Americans' Rainy Day Savings Habits," topinvestor.com, December 29, 2017, *http://topmoney-investor.com/how-does-your-emergency-fund-compare-new-stats-reveal-americans-rainy-day-savings-habits/*.

习惯 22

1. Stan Cho, "More Americans Own Stocks, for Better or for Worse,"

Nation-Now, February 7, 2018.

2. Barbara Diggs, "5 Ways to Create Passive Income," bankrate.com, July 14, 2017.

3. Sam Walton, *Made in America: My Story* (New York: Doubleday, 1992).

习惯 23

1. Mark Ferguson, "How Do Most Millionaires Make Their Money?," investfourmore.com, September 14, 2015, *https://investfourmore.com/2015/09/14/how-do-most-millionaires-make-their-money/*.

我已经掌握的创富定律清单

在下面写出你已经掌握了哪些创富定律：

我尚未掌握的创富定律清单

在下面写出你为了成为白手起家的百万富翁,还要努力掌握哪些创富定律: